SIXTH EDITION

Handbuch zur deutschen Grammatik

Arbeitsheft
Student Activities Manual

WORKBOOK

Aufgaben zur schriftlichen Kommunikation

Jamie Rankin, *Princeton University*

Aufgaben zur Struktur

E. Pauline Hubbell

LAB MANUAL

Aufgaben zum Hörverständnis

Jamie Rankin, *Princeton University*

CENGAGE
Learning·

Australia • Brazil • Japan • Korea • Mexico • Singapore • Spain • United Kingdom • United States

For product information and technology assistance, contact us at **Cengage Learning Customer & Sales Support, 1-800-354-9706.**

For permission to use material from this text or product, submit all requests online at **www.cengage.com/permissions.** Further permissions questions can be emailed to **permissionrequest@cengage.com.**

ISBN-13: 978-1-305-58056-5
ISBN-10: 1-305-58056-7

Cengage Learning
20 Channel Center Street
Boston, MA 02210
USA

Cengage Learning is a leading provider of customized learning solutions with office locations around the globe, including Singapore, the United Kingdom, Australia, Mexico, Brazil, and Japan. Locate your local office at: **www.cengage.com/global.**

Cengage Learning products are represented in Canada by Nelson Education, Ltd.

To learn more about Cengage Learning Solutions, visit **www.cengage.com.**

Purchase any of our products at your local college store or at our preferred online store **www.cengagebrain.com.**

Printed in the United States of America
1 2 3 4 5 6 7 18 17 16 15 14

Contents

LAB MANUAL

Aufgaben zum Hörverständnis

Introduction

This ***Student Activities Manual (SAM)*** carefully follows the sequence of the grammatical structures in each chapter of the ***Handbuch zur deutschen Grammatik,*** **Sixth Edition**, giving learners a foundation for utilizing these structures as a means for functional communication. It is divided into two sections: a workbook that focuses on writing skills, and a lab manual that develops listening comprehension. In the workbook section, there are **Aufgaben zur schriftlichen Kommunikation** that lead learners through process-writing steps, with the goal of open-ended, personally meaningful writing. Following these are **Aufgaben zur Struktur,** a series of controlled exercises designed to reinforce the major grammar points in each chapter. The lab manual provides **Aufgaben zum Hörverständnis** based mainly on nonscripted, improvised scenarios created by native German speakers. Each of these sections is explained more fully below.

Aufgaben zur schriftlichen Kommunikation

Most of the writing activities are based on process-writing strategies in which students are led through various steps **(Schritte)**—brainstorming; organizing ideas; generating additional vocabulary; and forming sentences, paragraphs, or short essays. These strategies emphasize planning, which studies have shown fosters increased complexity in writing output. In addition, the majority of these activities encourage students to express their own meanings within the guidelines provided; thus they bridge the gap between rule-learning and using those rules for effective, meaningful communication.

Aufgaben zur Struktur

The second portion of the workbook section provides learners with extensive and thorough practice of specific grammar points and vocabulary from the **Wortschatz** section of the textbook. The exercises follow the presentation of grammar and vocabulary, chapter by chapter, and offer a variety of practice formats: questions/ answers, sentence completion, sentence transformation, translation, and responses to specific situations. Where possible, the exercises have been contextualized to furnish not only a meaningful framework for practice, but also additional cultural information.

When appropriate, a single grammar point is practiced from various angles in consecutive exercises with a concluding exercise requiring students to synthesize knowledge gained in preceding exercises. The chapter on adjective endings, for example, practices the strong and weak endings individually, in various contexts, before asking learners to combine these in the more natural combinations one finds in real speech and writing.

An Answer Key to the **Aufgaben zur Struktur** can be provided to learners (at the discretion of the instructor) so that they can correct their own work. In the Answer Key, alternate answers are designated by slashes, with the preferred answers preceding other possible answers. Optional words are enclosed in parentheses. In determining possible answers to be included in the key, particularly in matters of word order, the rules and guidelines presented in ***Handbuch zur deutschen Grammatik,*** **Sixth Edition,** were followed.

Aufgaben zum Hörverständnis

The **SAM audio program** that accompanies the lab manual section of the ***Student Activities Manual*** departs from traditional audio programs by providing, in most cases, unscripted native-speaker discourse in a wide array of communicative situations. The scenarios presented here are conversations and group discussions for which selected parameters were provided for the speakers—such as salient vocabulary, pertinent grammatical features, and topics of general interest. Within these parameters, however, the speakers were free to improvise and to develop the discourse naturally—which results in scenes rich in natural intonation, the normal overlapping and cutting in that characterizes real dialogue, and (we hope) enough humor and genuine personality to sustain listener interest.

Since the activities in the lab manual are mainly comprehension-based, they do not require learners to understand every word. Instead, they focus on global meaning, listening for key words or phrases, identifying situations and register, answering comprehension questions, summarizing plots, and determining the usage of targeted grammatical structures. Students are instructed to listen a certain number of times to each conversation in the course of the tasks, but they should be encouraged to listen as often as they want, to go back and pick up bits of speech they missed, and to note the rhythms and cadences of intonation used by the speakers.

The **SAM Audio Program** is available on the Premium Website, www.cengage.com/german/handbuch6e.

Jamie Rankin
E. Pauline Hubbell

WORKBOOK

Aufgaben zur schriftlichen Kommunikation

Ferienbericht

Schreiben Sie einen kurzen Aufsatz zum Thema **Ferien** – aber in Schritten *(steps)*, damit Sie den Schreibprozess in einer Fremdsprache üben *(practice)* können.

Schritt 1: Schreiben Sie unter Liste **A** einige Stichworte zu Ihren letzten Ferien (z.B.: **Freizeit, arbeiten, langweilig, reisen, interessant, Familie, zu Hause, nicht zu Hause, online, Wetter, Freunde**). Schreiben Sie dann unter Liste **B** ein oder zwei Wörter, die etwas mit jedem Wort aus Liste **A** zu tun haben (z.B.: **Freizeit – aus·schlafen** *(to sleep in)*, **texten, lesen; arbeiten – Ferienjob, Praktikum, verdienen, interessant; reisen – mit Familie, mit Freunden, nach …**).

A	B
1. _____	_____
2. _____	_____
3. _____	_____
4. _____	_____
5. _____	_____

Schritt 2: Schreiben Sie jetzt für jede Wortgruppe einen Satz.

1. _____
_____

2. _____
_____

3. _____
_____

4. _____
_____

5. _____
_____

Schritt 3: Sie haben es ja im *Handbuch* gelesen: Wenn man gutes Deutsch schreiben will, sollten nicht alle Sätze mit dem Subjekt beginnen. Lesen Sie Ihre Sätze durch und unterstreichen Sie in ein paar Sätzen Elemente, die am Anfang stehen könnten, besonders Zeitausdrücke und Adverbien. Schreiben Sie dann die Sätze hier unten in einem Abschnitt *(paragraph)*. Welche Reihenfolge *(order)* präsentiert die Informationen am besten? Brauchen Sie vielleicht hier und da einen neuen Satz als Übergang *(transition)* von einem Satz zum nächsten?

_____

_____

_____

_____

_____

_____

_____

_____

_____

_____

_____

_____

_____

_____

_____

_____

_____

_____

_____

_____

_____

_____

In meiner Freizeit …

So lernen Sie jemand in Ihrer Deutschstunde besser kennen: Führen Sie ein Interview als Hausaufgabe.

Schritt 1: Benutzen Sie diese Liste von Freizeitbeschäftigungen und fragen Sie eine Partnerin/einen Partner, ob sie/er das gern macht oder nicht. Kreuzen Sie die Beschäftigungen an, die sie/ihn interessieren.

_____ Sport treiben	_____ Bücher lesen	_____ Musik hören
_____ ein Instrument spielen	_____ kochen/backen	_____ ein·kaufen gehen
_____ Fitnesstraining machen	_____ fotografieren	_____ Rad fahren
_____ bei Facebook surfen	_____ ins Kino gehen	_____ Videospiele spielen
_____ tanzen	_____ fern·sehen	_____ Karten spielen
_____ chatten/texten	_____ spazieren gehen	_____ Schläfchen machen
_____ anderes: _____		

Schritt 2: Wählen Sie (choose) fünf angekreuzte Antworten und fragen Sie Ihre Partnerin/Ihren Partner nach ihren/seinen Freizeitbeschäftigungen, z.B.: **Wie oft tust du das? Spielst du gut? Welche besonderen Kenntnisse oder Fähigkeiten** (special knowledge or abilities) **braucht man dazu?** Schreiben Sie die Informationen für jedes Stichwort (key word) in kurzen Sätzen.

	Stichwort	**Informationen**
1.	_____	_____
		_____
2.	_____	_____
		_____
3.	_____	_____
		_____
4.	_____	_____
		_____
5.	_____	_____
		_____

Schritt 3: Nun haben Sie die Elemente für einen kurzen Aufsatz. Nehmen Sie Ihre Sätze aus **Schritt 2** und planen Sie, wie Sie diese Sätze kombinieren können. Welche Konjunktionen brauchen Sie, um die Sätze miteinander zu verbinden? Wie können Sie **kennen, wissen** und **können** verwenden? Mit welchen Elementen können Sie die Sätze beginnen? Was ist eine sinnvolle Reihenfolge? Schreiben Sie den Aufsatz hier und lassen Sie Ihre Partnerin/Ihren Partner den Aufsatz lesen, bevor Sie ihn abgeben. Besprechen Sie sachliche (*factual*) und grammatische Fehler und machen Sie Korrekturen.

_____

_____

_____

_____

_____

_____

_____

_____

_____

_____

_____

_____

_____

_____

_____

_____

_____

_____

_____

_____

_____

_____

Eine Kurz-Biografie

In Aufgabe C in der Anwendung zu diesem Kapitel stehen ein paar biographische Aussagen über Sigmund Freud, aus denen man (im Perfekt) Sätze bilden soll. Sicher kennen Sie viele andere Menschen, über deren Leben Sie auf ähnliche (similar) Weise erzählen könnten.

Schritt 1: Wählen Sie eine solche Person, Frau oder Mann, und schreiben Sie mindestens zehn Aussagen über diesen Menschen im Perfekt. Die Identität dieser Frau/dieses Mannes soll ein Geheimnis (secret) bleiben – also schreiben Sie nicht den Namen, sondern **sie** oder **er** oder **diese Frau/dieser Mann.**

Hier sind einige nützliche Verben (die starken Verben sind mit einem Sternchen* markiert; die Partizipien dafür finden Sie in *Appendix 3* des **Handbuchs**).

arbeiten	*helfen	organisieren	*sprechen
*auf·wachsen (to grow up)	kämpfen	regieren (to rule)	*sterben
entdecken (to discover)	komponieren	reisen	*werden
*erfinden (to invent)	leben	*schreiben	wohnen
gründen (to found)	malen	spielen	wurde geboren

1. _____
2. _____
3. _____
4. _____
5. _____
6. _____
7. _____
8. _____
9. _____
10. _____

_____

_____

Schritt 2: Wie macht man aus solchen einzelnen *(single, individual)* Aussagen einen Aufsatz? Etwas Wichtiges dabei ist das Kombinieren: Man nimmt zwei oder drei kurze Aussagen und kombiniert sie mit Konjunktionen, um längere und komplexere Aussagen zu bilden. Mehr über Konjunktionen finden Sie in *Reference 2* im **Handbuch**.

BEISPIEL   Sagen wir mal, Sie haben folgende zwei Aussagen geschrieben: *Sie ist in Deutschland aufgewachsen* und *Sie spielte in Hollywood in vielen bekannten Filmen mit.*

Sie schreiben: ***Obwohl*** *sie in Deutschland aufgewachsen ist, hat sie in Hollywood in vielen bekannten Filmen mitgespielt.*

Kombinieren Sie jetzt ein paar von Ihren Aussagen in **Schritt 1** miteinander, sodass ein längerer Satz daraus entsteht.

1. _____

_____

2. _____

_____

Schritt 3: Schreiben Sie jetzt einen kurzen Aufsatz über diesen Menschen, indem Sie die Sätze aus **Schritt 2** und noch mehr kombinierte Aussagen aus **Schritt 1** benutzen. Vergessen Sie nicht, die Sätze manchmal mit einem anderen Element als dem Subjekt zu beginnen.

Lesen Sie nun Ihren Aufsatz einer Partnerin/einem Partner vor und sehen Sie, ob sie/er den Namen des beschriebenen Menschen erraten *(guess)* kann.

4

Kurzantworten

Lesen Sie diese Fragen und beantworten Sie jede mit einem ganzen Satz. Denken Sie darüber nach, ob der Satz einen Artikel braucht oder nicht.

1. Was halten Sie vom Kommunismus/Sozialismus/Kapitalismus? Wählen Sie eins der drei Themen oder besprechen Sie einen anderen **-ismus.**

   _____

   _____

   _____

2. Vergleichen Sie zwei Jahreszeiten *(seasons of the year)* dort, wo Sie aufgewachsen sind.

   _____

   _____

   _____

3. Wie fahren Sie von der Uni nach Hause, wenn es Semesterferien gibt?

   _____

   _____

   _____

4. Machen Sie Aussagen über drei der folgenden Länder: die Niederlande, der Irak, die Schweiz, die Türkei, die Vereinigten Staaten, der Iran.

   _____

   _____

   _____

5. Was für ein Instrument können Sie spielen? Welches möchten Sie spielen?

   _____

   _____

   _____

Meine Freunde

Schreiben Sie nun etwas über zwei Ihrer Freunde, das heißt, über eine Freundin und einen Freund und über **ihre** und **seine** Eigenschaften *(characteristics)*.

Schritt 1: Lesen Sie sich die Kategorien unten durch und wählen Sie vier davon aus. Machen Sie sich ein paar Notizen über **sie** und über **ihn.**

	sie	er
Familie		
Zimmer/Wohnung		
Kleidung		
Hobbys/Interessen		
Lieblingsfilme, -bücher usw.		
Hauptfach, andere Fächer		

Schritt 2: Benutzen Sie Ihre Notizen aus **Schritt 1** und schreiben Sie einen kurzen Abschnitt, in dem Sie Ihre Freundin und Ihren Freund vergleichen. Verwenden Sie dabei die Possessivpronomen (**ihr-, sein-**) so oft wie möglich. Sie brauchen nur einen Satz pro Kategorie zu schreiben.

_____

_____

_____

_____

_____

_____

_____

_____

_____

_____

_____

_____

_____

_____

_____

_____

10 Handbuch zur deutschen Grammatik ▪ Arbeitsheft / Student Activities Manual

Es war einmal …

Sie kennen bestimmt ein paar Märchen (fairy tales) – aber haben Sie schon mal selber eins geschrieben? Hier finden Sie alles, was Sie dafür brauchen. Benutzen Sie so viele Vokabeln von der Liste, wie Sie können, und auch andere Vokabeln, die Sie interessant finden, und erzählen Sie Ihre eigene Geschichte. (Denken Sie dabei an Akkusativ- und Dativobjekte, sowie Dativverben. Sie dürfen die Erzählung im Präsens oder im Präteritum erzählen, wie Sie wollen. Die Verbformen fürs Präteritum finden Sie in *Appendix 3* im **Handbuch**).

der Frosch (frog)	**antworten**
das Gift (poison)	**bringen**
das Gold	**empfehlen**
die Hexe (witch)	**erklären**
die Hütte (hut)	**erzählen**
das Pferd (horse)	**geben**
der Prinz	**gefallen**
die Prinzessin	**glauben**
das Reh (deer)	**helfen**
das Schloss (castle)	**küssen** (to kiss)
das Spinnrad (spinning wheel)	**leihen**
das Versprechen (promise)	**schenken**
der Vogel (bird)	**verwandeln** [+ Akkusativobjekt] (to change)
der Wald (forest)	**wohnen**
der Zwerg (dwarf)	**zeigen**

Schritt 1: Beginnen Sie mit „Skelettsätzen". Benutzen Sie nur die wichtigsten Vokabeln für eine Idee und schreiben Sie diese Wörter auf. Später können Sie einen ganzen Satz daraus machen.

BEISPIEL   Zwerg / geben / Prinzessin / Frosch
           Sie schreiben später: *Der Zwerg gab der Prinzessin einen Frosch.*

           Der Zwerg gibt der Prinzessin einen Frosch.

Idee: _____

Idee: _____

Idee: _____

Idee: _____

Idee: _____

Idee: _____

Idee: _____

Idee: _____

Schritt 2: Ordnen Sie *(Put in order)* diese Ideen, damit sie eine logische Handlung *(plot)* beschreiben. Denken Sie an noch mehr Ideen, die diese Ideen verbinden *(tie together)* können, und schreiben Sie jetzt Ihr eigenes Märchen. Dann lesen Sie das Märchen noch einmal durch. Sind Nominativ, Akkusativ, Dativ und Genitiv richtig? Machen Sie Korrekturen.

Titel: _____

_____

_____

_____

_____

_____

_____

_____

_____

_____

_____

_____

_____

_____

_____

_____

_____

_____

_____

_____

_____

_____

_____

_____

Semesterstress

Wenn man über sich selbst oder seine Arbeit spricht, will man oft Informationen geben, die am besten mit Präpositionen auszudrücken sind.

Ich arbeite an diesem Aufsatz seit …
Ich interessiere mich überhaupt nicht für …
Ich belege diesen Kurs wegen …

Schritt 1: Lesen Sie die Liste mit Präpositionen und benutzen Sie sie, um kurze Aussagen über sich selbst zu schreiben.

BEISPIEL   bis: *bis Ende des Semesters*

bis: _____   bei: _____

für: _____   gegenüber: _____

gegen: _____   mit: _____

ohne: _____   nach: _____

aus: _____   seit: _____

außer: _____   zu: _____

während: _____   wegen: _____

Schritt 2: Schreiben Sie einen kurzen Abschnitt, in dem Sie mindestens acht von diesen präpositionalen Ausdrücken benutzen.

BEISPIEL   Bis Ende des Semesters muss ich noch drei Romane lesen.

_____

_____

_____

_____

_____

_____

Alles besser mit Präpositionen

Wie Sie im *Handbuch* in **Tipps zum Schreiben** gelesen haben, können Sie Ihre Sätze mit Präpositionen interessanter und informativer machen. Manche Sätze brauchen das, wie Sie hier sehen:

> Ein Mann öffnete die Tür. Es war ein Restaurant. Er ging hinein.

Aber mit Präpositionen *(und ein bisschen Fantasie!)*:

> Ein Mann mit einer roten Rose zwischen den Zähnen öffnete die Tür zum Restaurant und ging hinein.

Wie geht diese Geschichte weiter? Lesen Sie nun den folgenden Text ganz durch und verbessern Sie ihn mit Ihrer Fantasie und einigen Präpositions-Phrasen. Versuchen Sie dabei auch Wechselpräpositionen *(variable prepositions)* wie **an** und **auf** zu verwenden. Den Schluss müssen Sie sich selber ausdenken!

> Der Mann wartete auf den Kellner. Der Kellner zeigte ihm einen Tisch. Der Mann setzte sich. Dann kam eine Frau durch die Tür. Sie trug einen Hut. Der Kellner kam nicht. Sie sah den Mann und wollte dort sitzen. Sie setzte sich. Der Mann aß seine Suppe. Während die Frau sich setzte, fiel der Hut auf den Tisch. Der Kellner sah sie endlich und brachte ihr eine Speisekarte. Sie bestellte auch eine Suppe. Während sie wartete, begann sie zu sprechen …

Zum Thema Verneinung: Eine formelle Beschwerde *(complaint)*

Sie waren letzte Woche auf einer Reise in Deutschland und haben in einem Hotel übernachtet. Aber was für ein Hotel! So was Schlechtes haben Sie noch nie erlebt. *Nichts* war gut, weder der Service noch das Zimmer. Sie möchten sich über diese furchtbare Nacht beschweren *(complain)*. Tun Sie das in Form eines formellen Briefes (siehe *Appendix 1* im *Handbuch*), den Sie gleich hier schreiben und in dem Sie alles beschreiben, was Ihnen im Hotel nicht gefallen hat.

Stichworte

das Bad	das Personal
das Bett	die Rechnung
die Dusche	das Restaurant
das Essen	die Rezeption
der Fernseher	die Schlüssel
das Gepäck	die Stühle
die Getränke	das Telefon
die Heizung *(heat)*	der Teppich
die Klimaanlage *(A/C)*	die Toilette
der Nachbar (die Nachbarn)	(un)bequem
die Nachbarin(nen)	

Schritt 1: Nehmen Sie 5–6 von den Stichworten und überlegen Sie sich, worüber man sich beschweren könnte. Schreiben Sie dann ein paar Notizen zu jedem Stichwort, das Sie für Ihre Beschwerde genommen haben.

BEISPIELE: Bad: *sehr schmutzig, kein heißes Wasser*

Personal: *unfreundlich, ungeduldig, nicht hilfreich*

_____

_____

_____

Schritt 2: Überlegen Sie sich, welche Vokabeln aus dem **Wortschatz** von Kapitel 7 zu den Stichworten unter **Schritt 1** passen würden, und schreiben Sie für jedes Stichwort einen kurzen Satz damit.

BEISPIELE: Bad: *Das Bad war **gar nicht** sauber.*

*Es gab **überhaupt kein** heißes Wasser.*

_____

_____

_____

Schritt 3: Nehmen Sie jetzt Ihre Ideen bei **Schritt 1** und **2** und schreiben Sie einen formellen Brief, der Ihre Beschwerden detailliert ausdrückt. Verwenden Sie dabei so viele Vokabeln aus dem **Wortschatz**, wie Sie können.

An
Herrn Otto Schmutzkammer
Hotel Friesischer Hof
Am Schornstein 13
80333 München

Sehr geehrter Herr Schmutzkammer!

_____

_____

_____

_____

_____

_____

_____

_____

_____

_____

_____

_____

_____

_____

_____

_____

_____

Mit freundlichen Grüßen

_____

Eine Mini-Autobiografie

A. Ergänzen Sie diese Sätze mit Aussagen über Ihr eigenes Leben. Benutzen Sie Verben im Präteritum.

BEISPIEL   Als ich ein Jahr alt war, ...
schlief ich fast den ganzen Tag.
hatte ich alle zwei Stunden Hunger.

1. Als ich fünf Jahre alt war, ...

   _____

   _____

2. Als ich zum ersten Mal in die Schule ging, ...

   _____

   _____

3. In den Sommerferien ...

   _____

   _____

4. Als ich 16 Jahre alt wurde, ...

   _____

   _____

5. Als ich mit meinen Schulkameraden zusammen war, ...

   _____

   _____

B. Schreiben Sie jetzt etwas Längeres über einen einzigen Tag – z.B. **gestern** oder **letzten Samstag.**

Schritt 1: Denken Sie an den Tag zurück und schreiben Sie eine Liste mit Ihren Aktivitäten. Benutzen Sie Infinitivverben.

auf·stehen   _____   _____

sich duschen   _____   _____

_____   _____   _____

Schritt 2: Kombinieren Sie zwei dieser Verben in einem Satz. Verwenden Sie **nachdem,** das Plusquamperfekt und das Präteritum.

BEISPIEL   auf·stehen / duschen

                Nachdem ich aufgestanden war, duschte ich mich.

_____

_____

Schritt 3: Erzählen Sie chronologisch von diesem Tag, indem Sie mindestens acht von den Verben in **Schritt 1** und zwei oder drei Beispiele davon im Plusquamperfekt (wie oben in **Schritt 2**) verwenden. Vergessen Sie nicht, die Satzanfänge zu variieren. Dann lesen Sie den Text noch einmal gut durch. Achten Sie dabei auf die Verbformen, und machen Sie die nötigen Korrekturen.

_____

_____

_____

_____

_____

_____

_____

_____

_____

_____

_____

_____

_____

_____

_____

_____

_____

_____

Das durfte, konnte, wollte ich …

A. Durften Sie als Kind alles am Computer machen, was Sie wollten? Durften Sie solange fernsehen, wie Sie wollten? Oder solange aufbleiben, wie Sie wollten, bevor Sie ins Bett mussten? Erzählen Sie nun ein bisschen aus Ihrer Kindheit, indem Sie beschreiben, was Sie tun oder nicht tun durften, konnten, mussten, sollten oder wollten. Denken Sie dabei ans Essen, an die Schule, an Ihre Ferien mit der Familie, an Ihre Freunde und an das Leben zu Hause.

Schritt 1: Was fällt Ihnen zu diesen Themen ein? *(occurs to you)*? Schreiben Sie zu jeder der folgenden Wortverbindungen mit Modalverben einige Stichworte auf.

konnte besonders gut: _____

konnte nicht so gut: _____

wollte überhaupt nicht: _____

durfte gar nicht: _____

musste [jede Woche/manchmal]: _____

wollte, aber durfte/konnte nicht: _____

durfte, aber konnte/wollte nicht: _____

sollte, aber wollte nicht: _____

Schritt 2: Bilden Sie jetzt mit den Elementen aus **Schritt 1** einfache Sätze, z.B.: **Ich musste immer Gemüse essen.**

1. _____

2. _____

3. _____

4. _____

5. _____

6. _____

Schritt 3: Bilden Sie mit diesen kurzen Sätzen längere Sätze, indem Sie sie miteinander verbinden (combine), z.B.: *Ich musste immer Gemüse essen, bevor ich einen Nachtisch essen durfte.*

Einige nützliche Konjunktionen sind: **obwohl, weil, aber, nicht … sondern, als** und **wenn**. Sie dürfen diesen Modalsätzen auch andere Informationen hinzufügen (add).

1. _____

   _____

2. _____

   _____

3. _____

   _____

4. _____

   _____

5. _____

   _____

B. Im **Wortschatz** von diesem Kapitel finden Sie nützliche Ausdrücke für *to like*. Schreiben Sie ein paar Sätze mit diesen Vokabeln und erzählen Sie, was Ihnen gefällt oder nicht gefällt.

Vokabeln

gern haben	**Lust haben auf**
gefallen	**Lust haben zu**
gern tun	**mögen/möchte**
lieben	**hätte(n) gern**

1. _____

   _____

2. _____

   _____

3. _____

   _____

4. _____

   _____

5. _____

   _____

Ich habe mich entschieden …

Haben Sie je eine E-Mail, einen Brief oder sonst eine Nachricht bekommen, in der jemand Ihnen eine über-raschende *(surprising)* Entscheidung mitgeteilt hat? Schreiben Sie jetzt selbst so eine Mitteilung! Zum Beispiel schreiben Sie Ihren Eltern, dass Sie alles aufgeben wollen, um beim Zirkus als Clown zu arbeiten; oder schreiben Sie einem Freund, dass Sie morgen losziehen, weil Sie die Welt umsegeln *(sail)* wollen …

Schritt 1: Schreiben Sie ein paar Ideen für Ihre überraschende Entscheidung, und entscheiden Sie, an wen Sie darüber schreiben wollen.

Ideen: _____

_____

_____

An wen schreiben Sie? _____

Schritt 2: Welche Reflexivverben aus Kapitel 10, wie zum Beispiel **sich entscheiden**, können Sie in Ihrem Brief verwenden? Wählen Sie aus der folgenden Liste mindestens fünf passende Verben aus.

_____ sich amüsieren	_____ sich aus·ruhen	_____ sich beeilen
_____ sich etwas leisten	_____ sich entschuldigen	_____ sich erholen
_____ sich [wohl] fühlen	_____ sich langweilen	_____ sich um·sehen
_____ sich an·ziehen	_____ sich etwas aus·suchen	_____ sich entscheiden
_____ sich etwas wünschen	_____ sich etwas überlegen	_____ sich benehmen
_____ sich etwas an·sehen	_____ sich etwas kaufen	_____ sich erkälten

Notieren Sie jetzt fünf weitere Reflexivverben mit Präpositionen aus Kapitel 10, wie zum Beispiel **sich interessieren + für.**

1. _____

2. _____

3. _____

4. _____

5. _____

Schritt 3: Schreiben Sie ein paar einzelne *(single)* Sätze mit den Verben, die Sie ausgewählt haben.

1. _____

2. _____

3. _____

4. _____

5. _____

Schritt 4: Schreiben Sie jetzt die ganze Mitteilung und verwenden Sie diese Reflexivverben. Versuchen Sie die Verben miteinander zu kombinieren. (Tipps zum Format der Mitteilung finden Sie in *Appendix 1* im **Handbuch.**) Dann lesen Sie die Mitteilung noch einmal durch und achten Sie auf Akkusativ und Dativ. Machen Sie die nötigen Korrekturen.

Liebe(r) _____!/Hallo _____!

Ich komme am besten gleich zur Sache. Ich habe mich nämlich entschieden, _____

_____

_____

_____

_____

_____

_____

_____

_____

_____

_____

_____

_____

_____

_____

_____

_____

_____

Viele Grüße

_____

Die Entschuldigung

Lesen Sie zuerst das ganze Gespräch und ergänzen Sie *(complete)* dann die Sätze mit Infinitivgruppen, Infinitiven oder konjugierten Verben, je nachdem, was im Kontext passt.

BEISPIEL   Ich hatte vor, …

Ich hatte vor, *an meinem Aufsatz* **zu arbeiten***, aber stattdessen sah ich den ganzen Abend fern.*

LEA: Grüß dich, Felix!

FELIX: Guten Morgen, Lea! Ich dachte, du wolltest gestern Abend mit auf die Party!

LEA: Tja, das wollte ich schon, aber ich hatte Max vorher versprochen, _____
_____ .

FELIX: Ach so! Naja, das ist schon wichtig.

LEA: Ja, und danach fing ich an, _____
_____ .

FELIX: Und was machte Max, als alles fertig war?

LEA: Er ging nach Hause, glaube ich.

FELIX: O nein, das habe ich kommen sehen …

LEA: Wieso denn? Was meinst du damit?

FELIX: Tja, Max war dann nämlich auch noch auf der Party, und zwar …

LEA: Meinst du, er machte das anstatt _____ zu _____ ?

FELIX: Genau, ich habe ihn dort _____ sehen.

LEA: Sag' bloß! Mir hat er gesagt, er wollte _____ .

FELIX: Später habe ich ihn _____ hören, aber ich wollte doch nicht _____
_____ .

LEA: Aber meinst du, dass er _____ ?

FELIX: Naja, vielleicht hat er gedacht, dass _____ .

LEA: Hör doch auf! Das sagst du nur, weil _____ .

FELIX: Vielleicht machte er das, um _____ zu _____ .

LEA: Das geht doch nicht!! Er sagt immer, er will nicht, dass ich _____

_____ .

FELIX: Tja, ich weiß nur, dass _____ .

LEA: Also, eins weiß ich jetzt: ich lasse ihn nie wieder _____

_____ !

Es macht (keinen) Spaß zu …

Schreiben Sie einen freien Aufsatz zu dem (fast) freien Titel, den Sie hier sehen. In dem Aufsatz sollen Sie Beispiele von diesen Konstruktionen geben: **um … zu, anstatt … zu** und **ohne … zu.** Ergänzen Sie den Titel, überlegen Sie sich ein paar Minuten, was Sie darüber sagen wollen, und fangen Sie dann an zu schreiben. Dann lesen Sie den Aufsatz noch einmal durch und achten Sie auf Infinitive, Wortstellung und Kommas. Machen Sie die nötigen Korrekturen.

Es macht mir (keinen) Spaß, _____ zu _____

_____

_____

_____

_____

_____

_____

_____

_____

_____

_____

_____

_____

_____

_____

_____

_____

_____

Was wird gerade gemacht?

Es ist Samstagabend und die Leute auf Ihrem Campus machen alles Mögliche *(all sorts of things)* – einige gehen aus, einige lernen, einige spielen Karten. Solche Aktivitäten lassen sich gut mit dem Passiv ausdrücken.

Schritt 1: In der Liste unten finden Sie Ideen für die Aktivitäten. Wählen Sie einige davon aus, oder nehmen Sie einige Ihrer eigenen Ideen, und bilden Sie damit fünf Aussagen. Beginnen Sie jede Aussage mit: „**Einige Leute …**" und ergänzen Sie die Aussagen mit passenden Informationen.

BEISPIEL Basketball, spielen: *Einige Leute spielen Basketball.*

Ideen

arbeiten	lesen	**Bibliothek**	**Kaffee**	**Sporthalle**
essen	sehen	**Bier**	**Kino**	**Theater**
gehen	spielen	**Billard**	**Pizza**	**Tischtennis**
lernen	trinken	**Freunde**	**Restaurant**	**Videospiele**

1. _____

2. _____

3. _____

4. _____

5. _____

Schritt 2: Lesen Sie Ihre Sätze durch und unterstreichen Sie *(underline)* jedes Substantiv, das als Direktobjekt dient. Diese Wörter werden dann die Subjekte, wenn Sie die Aussagen im Passiv schreiben. Sätze, die kein Direktobjekt haben, können vielleicht mit **es** begonnen werden (siehe 12.1.B im *Handbuch*). Schreiben Sie nun Ihre Aussagen von **Schritt 1** im Passiv.

BEISPIEL *Basketball **wird** in der Sporthalle **gespielt**. / In der Sporthalle **wird** Tischtennis **gespielt**.*

1. _____

2. _____

3. _____

4. _____

5. _____

Wie kann das verbessert werden?

Vielleicht ist Ihre Universität oder Schule schon perfekt – aber wahrscheinlich nicht. Was könnte verändert oder verbessert werden?

Schritt 1: Wählen Sie einige Wörter aus der Liste aus und schreiben Sie sechs Ideen auf. Beginnen Sie jeden Vorschlag mit: „**Man sollte …**" oder „**Man könnte …**"

BEISPIEL   *Man sollte eine neue Bibliothek bauen.*

die Bibliothek, -en	**ab·reißen/abgerissen** *(tear down)*
die Buchhandlung, -en	**an·bieten/angeboten** *(offer)*
das Kunstwerk, -e	**auf·machen/aufgemacht** *(to open up)*
der Kurs, -e/die Vorlesung, -en	**bauen/gebaut** *(to build)*
die Mensa *(cafeteria)*	**beginnen/begonnen**
der Parkplatz, -plätze	**installieren/installiert**
die Sporthalle, -n	**renovieren/renoviert**
die Straße, -n	**restaurieren/restauriert**
das Studentenwohnheim, -e	**schließen/geschlossen** *(to close)*
das Studentenzentrum	

1. _____
2. _____
3. _____
4. _____
5. _____
6. _____

Schritt 2: Auch in diesen Sätzen werden die Aktivitäten betont *(emphasized)* und nicht das Subjekt; also braucht man auch hier das Passiv, aber diesmal mit Modalverben. Schreiben Sie nun Ihre Ideen im Passiv.

BEISPIEL   *Eine neue Bibliothek **sollte gebaut werden**.*

1. _____
2. _____
3. _____
4. _____
5. _____
6. _____

Mensch, das war ... !

Wie Sie im *Handbuch* gelesen haben, geben Adjektive einem Text Farbe und Intensität. Darum sind sie besonders wichtig, wenn Sie über etwas sehr Positives oder Negatives schreiben wollen. Wählen Sie nun eine Situation, die Sie persönlich erlebt *(experienced)* haben – sehr gut oder sehr schlecht – und über die Sie einen kurzen Aufsatz schreiben können.

Ideen

(der) **Ausflug** *(trip, excursion)* **mit Freunden**
(der) **Besuch in einer Stadt**
(das) **Bewerbungsgespräch** *(job interview)*
(die) **Familienreise**
(der) **Ferienjob** *(summer job)*
(das) **Konzert**
(die) **Party**
(die) **Prüfung**
(das) **Rendezvous** *(date)*
(das) **Sportereignis** *(sports event)*

Schritt 1: Welche Substantive sind besonders wichtig, wenn Sie jemandem von dieser Situation erzählen wollen? Schreiben Sie eine Liste mit mindestens zehn Substantiven und benutzen Sie die richtigen Artikel (**der/die/das**).

_____

_____

_____

_____

_____

_____

_____

_____

_____

_____

Schritt 2: Für jedes Substantiv finden Sie ein Verb, das damit verbunden ist (z.B. **Musik → hören; Flugzeug → einsteigen**). Mit diesen Wortverbindungen (Substantiv + Verb) schreiben Sie nun einen kurzen Aufsatz zu Ihrem Thema – aber zuerst *ohne* Adjektive.

_____

_____

_____

_____

_____

_____

_____

_____

Schritt 3: Lesen Sie Ihren Aufsatz genau durch; korrigieren Sie alle Artikel, damit der Kasus *(case)* bei jedem Substantiv stimmt. Dann lesen Sie den Aufsatz nochmals durch und überlegen Sie sich, welche Adjektive zu jedem Substantiv passen (z.B.: **Musik → laut, aggressiv; Flugzeug → alt, klein**). Schreiben Sie diese Adjektive über den Text in **Schritt 2** (ohne Endung). Dann schreiben Sie den Aufsatz noch einmal, indem Sie die besten Adjektive verwenden – mit den richtigen Endungen.

Titel: _____

_____

_____

_____

_____

_____

_____

_____

_____

_____

_____

_____

_____

_____

14

Es war ein merkwürdiges Erlebnis …

Hier haben Sie Gelegenheit, den Aufsatz von Kapitel 13 mit noch mehr Details zu ergänzen. (Wenn Sie den Aufsatz für Kapitel 13 noch nicht geschrieben haben, machen Sie mindestens **Schritt 1** und **Schritt 2** davon, bevor Sie hier weitermachen.)

Schritt 1: Lesen Sie Ihre Stichworte noch einmal durch, und überlegen Sie, wo Sie präziser sagen könnten, **wann** etwas geschehen ist, oder **wo**, oder **wie**, **mit wem** usw. Schreiben Sie mindestens vier von Ihren originellen Stichworten mit diesen Informationen um.

_____

_____

_____

_____

_____

_____

_____

_____

Schritt 2: Im **Wortschatz** von Kapitel 14 finden Sie nützliche Ausdrücke für die chronologische Sequenz einer Erzählung. Lesen Sie Ihre Stichworte in **Schritt 1** noch einmal durch und schreiben Sie hier einige Zeitadverbien aus dem **Wortschatz** auf, die die Sequenz der Ereignisse erklären.

_____

_____

_____

_____

_____

_____

_____

_____

_____

Schritt 3: Ordnen Sie Ihre Aussagen mit den Adverbien, die Sie unter **Schritt 2** geschrieben haben, und schreiben Sie nun die ganze Erzählung. Verbinden Sie die Aussagen, wenn möglich, mit adverbialen Konjunktionen. Dann lesen Sie den Aufsatz noch einmal durch, um zu prüfen, ob die Wortstellung noch richtig ist.

Titel: _____

_____

_____

_____

_____

_____

_____

_____

_____

_____

_____

_____

_____

_____

_____

_____

_____

_____

_____

_____

_____

_____

_____

Vergleiche

A. Wählen Sie von den folgenden Kategorien eine aus, die Sie interessant finden und in der Sie drei Beispiele miteinander vergleichen können. Markieren Sie mit einem **X** die Kategorie, über die Sie schreiben möchten.

_____ Autos	_____ Freunde	_____ Politiker
_____ Berufe	_____ Kurse	_____ Professoren/Professorinnen
_____ Bücher	_____ Länder	_____ Städte
_____ Filme	_____ Musikgruppen	_____ Verwandte

Schritt 1: Schreiben Sie unter **A** eine Liste von Adjektiven, die Sie in Ihrem Vergleich verwenden können. Dann schreiben Sie unter **B** und **C** die entsprechenden *(corresponding)* Komparativ- und Superlativformen.

A	B	C
_____	_____	_____
_____	_____	_____
_____	_____	_____
_____	_____	_____
_____	_____	_____
_____	_____	_____

Schritt 2: Schreiben Sie jetzt Ihre Vergleiche in einem Aufsatz. Versuchen Sie dabei, Vergleiche mit dem Komparativ (**so ... wie;** _____**-er als**) und auch mit dem Superlativ zu bilden. Bei einigen Sätzen sollten die Adjektive attributiv sein, das heißt, sie sollten <u>vor</u> dem Substantiv stehen.

_____

_____

_____

_____

_____

_____

B. Eine Freundin/ein Freund von Ihnen, die/der natürlich auch sehr gut Deutsch spricht, studiert an einer anderen Universität. Sie finden, dass es viel besser wäre, wenn sie/er an Ihrer Uni studieren würde. Schreiben Sie eine E-Mail und versuchen Sie sie/ihn zu überzeugen *(convince)*, das Ihre Uni wirklich besser ist. Machen Sie möglichst viele Vergleiche zwischen den beiden Unis und verwenden Sie dabei so viele Komparativ- und Superlativformen wie möglich.

Schritt 1: Welche Aspekte Ihrer Uni wollen Sie erwähnen? Schreiben Sie ein paar Ideen auf und einige Adjektive, die gut dazu passen.

Ideen	Adjektive
_____	_____
_____	_____
_____	_____
_____	_____

Schritt 2: Und jetzt die E-Mail:

Hallo, _____!

Ich weiß, du bist jetzt an der _____-Uni, aber ich finde, dass es besser wäre, wenn du hier

studieren würdest, weil _____

_____

_____

_____

_____

_____

_____

_____

_____

_____

_____

_____

_____

Viele Grüße

_____

Eine in kurzer Zeit fertigzuschreibende Aufgabe!

Diese Geschichte handelt von einer Frau und einem Mann, die über ein Problem sprechen, das <u>Sie</u> erfinden. Wählen Sie zwei fiktive Personen aus der Liste, dann ergänzen Sie (complete) die Geschichte. Benutzen Sie die Personen für die Lücken nach den Artikeln, und schreiben Sie Verben und andere Elemente Ihrer Wahl (choice) in die anderen Lücken.

Personen

eine Arme/ein Armer   eine Angestellte/ein Angestellter
eine Reiche/ein Reicher   eine Vorgesetzte/ein Vorgesetzter
eine Verlobte/ein Verlobter   eine Tote/ein Toter
eine Reisende/ein Reisender   eine Blinde/ein Blinder

Zwei Leute kommen ins Restaurant, eine _____ und ein

_____. Sie setzen sich und bestellen sich etwas zu trinken:

_____ für die _____

und _____ für den _____. Dann fängt die

_____ an, mit dem _____ zu sprechen. „Ich

verstehe gar nicht, warum du immer _____

willst", sagt sie, „Ich?!" fragt der _____; „Du sagst immer, du

willst _____." „Ja, ja", sagt sie, und

dabei sieht sie dem _____ direkt ins Auge; „aber gestern hast du

mir erzählt, du wolltest _____, und

dann hast du _____. Das verstehe ich

nicht." Das ist dem _____ zu viel. „Quatsch!!" sagt er; „ich

war den ganzen Tag _____. *Du*

wolltest _____, aber ich wusste, dass

ich _____ sollte." Die Augen der

_____ werden groß. „Das ist mir ganz neu!" sagt sie. „Aber wenn

du meinst, dass wir _____ sollten, dann

finde ich, dass wir _____ können."

Dann hat der _____ eine neue Idee: „Warum versuchen wir nicht,

_____? Die Antwort der _____

ist kurz und klar: „Nur wenn du mir versprichst, _____!"

Amtsdeutsch

Gestern waren Sie in der Vorlesung von Professor Nickerchen und am Ende hat er einige Ansagen *(announcements)* gemacht. Ein Freund von Ihnen war nicht dabei. Lesen Sie, was der Professor sagte, und übersetzen Sie dann für Ihren Freund dieses Amtsdeutsch in eine normal gesprochene Sprache.

Die heutigen Mitteilungen *(announcements)*

Erstens: Die letzten Freitag fälligen Aufsätze sind ab Mittwoch bei meiner Sekretärin abzuholen. **Zweitens:** Die am vorigen Dienstag angekündigte *(announced)* Vorlesung zum Thema „Kant und die Metaphysiker" fällt wegen der erst gestern geplanten Sitzung *(meeting)* der Studentenschaft aus. **Drittens:** Alle am Anfang des Semesters noch nicht immatrikulierten *(enrolled)* Studenten werden gebeten *(are asked)*, ins Sekretariat zu kommen, um dort die von der Buchhandlung bestellten Lehrtexte abzuholen. **Und zum Schluss:** die in der ersten Reihe schlafenden Studenten werden gebeten aufzuwachen, damit sie ihre nächste Vorlesung nicht verpassen.

So würden Sie das Ihrem Freund Stück für Stück erzählen:

_____

_____

_____

_____

_____

_____

_____

_____

_____

_____

_____

_____

_____

_____

_____

_____

_____

_____

_____

Drei kleine Aufgaben

A. Wie Sie im *Handbuch* gelesen haben, gibt es für alle Substantive Pronomen im entsprechenden Geschlecht *(corresponding gender)*, z.B.: **er** für **Tisch, sie** für **Lampe** usw. Schreiben Sie hier einen kurzen Abschnitt, in dem Sie einen Gegenstand *(object)* beschreiben; aber sagen Sie erst am Ende, was der Gegenstand ist. Das heißt, erst am Ende schreiben Sie das Substantiv; sonst verwenden Sie nur Pronomen dafür. Lesen Sie dann einer Partnerin/einem Partner die Beschreibung vor, damit sie/er raten kann, was der Gegenstand ist.

BEISPIEL Er liegt im Moment auf meinem Schreibtisch. Er hat nicht viel gekostet, aber ich brauche ihn oft. Er ist lang und gelb, und wenn ich ihn nicht finde, kann ich nicht schreiben. Manchmal ist er spitz, aber manchmal auch nicht.

Er = mein Bleistift.

_____

_____

_____

_____

_____

_____

_____

_____

_____

_____

_____

_____ = _____

B. Man kann **man** als Pronomen verwenden, wie dieser Satz zeigt. Wenn man längere Texte schreibt, muss man aufpassen, dass man nicht **er** oder **du** dafür schreibt. Wie viele Aussagen können Sie zu dem Thema unten bilden, mit Beispielen für **man** im Nominativ oder mit Beispielen für die richtigen **ein**-Formen im Dativ und Akkusativ?

Thema: Wie kann man in der Schule/im Studium Erfolg *(success)* haben?

BEISPIEL *Man muss/sollte jeden Tag …*

Wenn Lehrer/Professoren einem sehr viel Arbeit geben, dann …

Wenn man meint, dass der Stress zu viel wird, dann darf man nicht …

Man sollte immer aufpassen, wenn man …

_____

_____

_____

_____

_____

_____

_____

_____

_____

_____

C. **Dasselbe oder das gleiche?** Haben Sie eine Zimmerkollegin/einen Zimmerkollegen (oder vielleicht eine Schwester/einen Bruder), mit dem Sie viel gemeinsam *(in common)* haben? Schreiben Sie ein paar Aussagen darüber – Kleidung, Interessen, Hobbys, Kurse, Freunde, Eltern, Probleme usw. – und verwenden Sie dabei die richtigen Formen von **dasselb**- oder **das gleich**-. Wenn Sie nicht viel gemeinsam haben, dann benutzen Sie diese Wörter mit **nicht** oder **nie** oder ähnlichen Wörtern, zum Beispiel: **Wir tragen nie dieselbe Kleidung.**

1. _____

    _____

2. _____

    _____

3. _____

    _____

4. _____

    _____

5. _____

    _____

Das Quartett

Sie schreiben hier eine kleine Anekdote über vier Personen, die sich durch die Informationen in den Relativsätzen unterscheiden *(distinguish)*.

Schritt 1: Sie brauchen dafür vier Personen, die besondere Eigenschaften *(characteristics)* haben. Unten finden Sie ein paar Vorschläge und Platz für Ihre eigenen Ideen. Nehmen Sie die Eigenschaften von Liste B und schreiben Sie damit Relativsätze für die vier Personen.

Liste A: Personen

eine Frau
ein Mann
eine Frau
ein Mann

Liste B: Eigenschaften

spricht sehr langsam
trägt zwei große Ohrringe
Leute haben Angst vor ihr
kann nicht gut sehen

_____

_____

_____

BEISPIEL *ein Mann, der in Marilyn Monroe verliebt ist*

1. _____

2. _____

3. _____

4. _____

Schritt 2: Unten finden Sie einige Vokabeln und Ideen für die Handlung *(action, plot)*. Bilden Sie ein paar Sätze – auch Relativesätze – mit diesen Elementen und mit Ihren eigenen Ideen.

Verben

böse sein + auf
finden/verlieren
geben/nehmen
gehen
ignorieren
kaufen
reisen + mit
sich interessieren + für
sich verlieben + in
sprechen + mit
töten
vergessen

Substantive

der Apparat *(device)*
das Gebäude *(building)*
das Medikament
das Spiel

Ideen

geht zurück in die Geschichte
macht einen verrückt
kostet 3 Millionen Euro
macht alle Leute nervös

_____

_____

_____

_____

1. _____

2. _____

3. _____

4. _____

Schritt 3: Beginnen Sie mit den Elementen, die Sie oben ausgearbeitet haben, und machen Sie daraus eine Geschichte. Die Logik der Handlung ist zweitrangig *(secondary)*, wichtig ist vor allem, dass Ihre Erzählung viele interessante Relativsätze hat!

BEISPIEL   *Es war einmal eine Frau, die sich für Flugzeuge interessierte. Sie war in einen Mann verliebt, der nicht gut sehen konnte, und deshalb …*

_____

_____

_____

_____

_____

_____

_____

_____

_____

_____

_____

_____

Ein Interview

Sie sind Journalistin/Journalist für eine Schul- oder Uni-Zeitung und wollen eine Reportage über Ihre Deutschprofessorin/Ihren Deutschprofessor schreiben, um dem ganzen Campus diesen genialen Menschen vorzustellen. Was für Fragen würden Sie ihr/ihm stellen? Welche Informationen wären für Ihre Leserschaft (readership) von Interesse? Lesen Sie die Anfänge der Fragen unten und ergänzen Sie sie mit passenden Vokabeln. Dann schreiben Sie einige Fragen selbst. Vielleicht lässt sich die Professorin/der Professor von jemandem in Ihrer Gruppe tatsächlich (actually) interviewen!

1. Woher _____?

2. Seit wann _____?

3. Warum haben Sie _____?

4. Was halten Sie von _____?

5. Mit wem _____?

6. Wann haben Sie zum ersten Mal in Ihrem Leben _____

   _____?

7. Worüber _____?

8. Wie oft in Ihrem Leben haben Sie _____?

9. Wohin _____?

10. Wen würden Sie gern _____?

11. _____?

12. _____?

13. _____?

14. _____?

15. _____?

Fragen, Fragen

Stellen Sie sich vor (*imagine*), Sie sind Redakteurin/Redakteur (*editor*) für eine Literaturzeitschrift. Eine Autorin schickt Ihnen eine Idee für eine Kurzgeschichte. Leider ist manches unklar, weil der Kontext fehlt (*is missing*) und auch, weil viele Pronomen benutzt werden. Stellen Sie der Autorin Fragen, damit Sie ihr helfen können, ihre Geschichte genauer zu erzählen.

BEISPIEL   Sie lesen: „Dann hat Franz mit ihr darüber gesprochen."

Sie wollen
also wissen: ***Mit wem** hat Franz gesprochen? **Worüber** haben die beiden gesprochen?*

Lesen Sie die Idee für die Kurzgeschichte langsam durch.

Franz saß noch darin und während er auf ihn wartete, las er es noch einmal – aber er konnte es nicht glauben. Wie konnte sie ihm so was sagen? Er dachte lange darüber nach und wusste nicht, was er machen sollte. Auf einmal wurde ihm klar: er muss dorthin fahren, und zwar so schnell wie möglich. Aber würde sie noch auf die anderen warten? Würde sie es ihm noch einmal sagen? Er dachte wieder an ihre Worte, kurz bevor es passiert war: „Wenn du das machst, sehen wir uns nie wieder!"

Schreiben Sie jetzt mindestens acht Fragen, die es verständlicher machen, **was** oder **wer** gemeint ist. Beginnen Sie einige Fragen mit Präpositionen oder mit **wo-** (wie im Beispiel).

1. _____

2. _____

3. _____

4. _____

5. _____

6. _____

7. _____

8. _____

_____

_____

_____

Was ich dazu meine …

Auf jedem Campus gibt es Gesprächsthemen, zu denen es viele Meinungen gibt, z.B. die steigenden Kosten des Studiums, die Rolle von Studentenverbindungen *(fraternities)*, Pflichtkurse *(required courses)*, Probleme mit Alkohol, die Spannung *(tension)* zwischen Forschung *(research)* und Lehre usw. Wählen Sie ein Thema, zu dem Sie Ihre Meinung sagen wollen.

Ihr Thema: _____

Schritt 1: Welche Vokabeln fallen Ihnen zu diesem Thema ganz spontan ein *(occur to you)*? Schreiben Sie diese Stichworte auf.

_____   _____

_____   _____

_____   _____

Schritt 2: Wählen Sie die fünf interessantesten Stichworte aus dieser Liste und versuchen Sie, noch mehr Vokabeln dazu zu finden. Schreiben Sie die fünf Stichworte auf und daneben die neuen Vokabeln, die etwas damit zu tun haben.

Stichworte	Vokabeln
1. _____ :	_____
	_____
2. _____ :	_____
	_____
3. _____ :	_____
	_____
4. _____ :	_____
	_____
5. _____ :	_____
	_____

Schritt 3: Diese Vokabelgruppen bilden den Kern *(core)* eines Leitartikels *(editorial)* für die Studenten- oder Schulzeitung. Aus jeder Gruppe können Sie ein paar Vokabeln verwenden und miteinander verbinden. Entscheiden Sie, wie Sie diese Gruppen organisieren wollen und welche Redemittel aus dem Teil **Schriftliche Themen** von Kapitel 20 im *Handbuch* Sie dabei verwenden können.

Traumberuf

Wie würde Ihr Leben aussehen, wenn Sie jetzt Ihren Traumberuf (*dream job*) ausüben könnten?

Schritt 1: Schreiben Sie unter **A** eine kurze Liste mit drei der wichtigsten Tätigkeiten (*activities*) oder Eigenschaften (*characteristics*) des Berufs.

A	B
_____	_____
_____	_____
_____	_____

Schritt 2: Welche Verben, Substantive oder Adjektive könnte man mit diesen Stichworten verbinden? Schreiben Sie unter **B** zwei oder drei solche Wörter für jedes Stichwort unter **A.**

Schritt 3: Nehmen Sie nun diese Wortgruppen und schreiben Sie einen kurzen Abschnitt. Beginnen Sie mit einer hypothetischen Bedingung *(condition)* (z.B.: **„Wenn ich heute Sporttrainer von Beruf wäre, dann … "**) und machen Sie weiter mit einigen Sätzen im Konjunktiv.

_____

_____

_____

_____

_____

_____

_____

_____

_____

_____

_____

Das hätte ich nicht getan ...

Wie Sie im Kalender lesen können, hat Rudi ein paar sehr interessante Tage hinter sich.

	Mittwoch	Donnerstag	Freitag
Vormittag	6 Uhr - aufstehen! - joggen 10 Uhr - Mathe-Vorlesung	Bibliothek - chemie lernen! 11 Uhr - Chemie-Vorlesung	9 Uhr Chemie- Prüfung
Nachmittag	18 Uhr - schwimmen	Mittagessen bei Martin (Pizza + Bier)	Mittagessen - Karin Einkaufen - Annette
Abend	19.15 Tennis → Udo 20 Uhr Konzert - mit Laura	Party !! bei Rolf	Abendessen - Angela Kino: Annette

Vielleicht denken Sie ja, es war nicht besonders klug oder ratsam *(advisable)*, was er alles gemacht hat. Schreiben Sie mindestens drei Sätze darüber, was Sie an seiner Stelle *(in his place)* gemacht oder nicht gemacht hätten. Schreiben Sie auch mindestens drei Sätze darüber, was er hätte machen sollen – oder **nicht** hätte machen sollen.

_____

_____

_____

_____

_____

_____

_____

_____

_____

_____

Dann sagte sie, dass …

Für diese Aufgabe spielen Sie zwei Rollen: die einer berühmten Persönlichkeit Ihrer Wahl *(of your choice)* und die einer Journalistin/eines Journalisten.

Schritt 1: Zuerst sind Sie die berühmte Persönlichkeit – eine, die jetzt noch lebt oder eine, die in früheren Zeiten gelebt hat. Sie sind bei einem Interview und jemand stellt Ihnen folgende Fragen. Geben Sie in Ihren Antworten so viele Details wie möglich und schreiben Sie in ganzen Sätzen.

FRAGE: Könnten Sie einige Angaben *(information)* zu Ihrer Person machen – wie Sie heißen, wo Sie wohnen, was Sie beruflich *(as a career)* machen usw.?

ANTWORT: _____

_____ .

FRAGE: Was war der wichtigste Moment in Ihrem Leben?

ANTWORT: _____

_____ .

FRAGE: Was ist Ihr größter Wunsch für Ihre Zukunft?

ANTWORT: _____

_____ .

FRAGE: Was sehen Sie als das größte Problem unserer Zeit?

ANTWORT: _____

_____ .

FRAGE: Was schlagen Sie als Lösung *(solution)* vor *(suggest)*?

ANTWORT: _____

_____ .

Schritt 2: Wiederholen Sie die Verben im **Wortschatz** von Kapitel 22 und wählen Sie vier Synonyme für **sagen** aus, die Sie in Ihrem Bericht *(report)* verwenden könnten.

_____

_____

_____

_____

Schritt 3: Übernehmen Sie jetzt die Rolle der Journalistin/des Journalisten. Schreiben Sie einen Artikel, in dem Sie die Antworten, die die Persönlichkeit in **Schritt 1** gegeben hat, mit indirekter Rede im Konjunktiv wiedergeben.

Pass bloß auf!

A. Sie haben einen Sohn, Christoph, der gerade seinen Führerschein *(driver's license)* gemacht hat. Nun fragt er Sie, ob er heute Abend das Familienauto haben kann, um mit seinen Freunden herumzufahren. Sie sagen „Ja", aber Sie haben ein bisschen Angst und geben ihm Anweisungen *(instructions)* im Imperativ, bevor er losfährt.

Ideen

an·rufen	Navigationssystem (GPS)
auf·passen	nicht vergessen
bezahlen	Radio
die Polizei	spät
essen	tanken *(to get gas)*
fahren	trinken
Geld	vor Mitternacht (0.00 Uhr)
langsam	zurück·kommen

BEISPIEL   *„Also, Christoph, du darfst das Auto schon fahren, aber ... "*

1. _____

2. _____

3. _____

4. _____

5. _____

B. Charlotte, Max und Jana sind Studenten. Es ist Freitagnachmittag – keine Aufgaben, 2–3 Tage keine Vorlesungen, und jetzt wollen sie fürs Wochenende etwas planen. Aber was? Schreiben Sie ihre Diskussion auf und verwenden Sie dabei die deutsche Imperativform für „*Let's* …", sowie andere mögliche Formen einen Vorschlag zu machen. Verwenden Sie dabei passende Partikel, wie z.B. **doch, mal, nur, bitte, lieber**. Unten finden Sie ein paar Vokabeln, die für eine solche Diskussion nützlich sind.

super, genial, prima, toll usw.
langweilig, doof, zu teuer, dauert zu lang usw.
Ach, das finde ich _____!
Mensch, das ist doch _____!
Ach, das machen wir doch immer.
Tja … *(Well . . .)*
Ja! warum nicht?
Wir könnten auch (davor, anschließend, nachher, stattdessen) …
Wie wär's mit …?

CHARLOTTE: _____

MAX: _____

JANA: _____

_____: _____

_____: _____

_____: _____

_____: _____

_____: _____

_____: _____

_____: _____

_____: _____

_____: _____

_____: _____

_____: _____

_____: _____

_____: _____

_____: _____

_____: _____

_____: _____

_____: _____

_____: _____

_____: _____

In Zukunft …

A. Denken Sie an zwei interessante Freunde oder Bekannte, eine Frau und einen Mann. Spekulieren Sie über ihre Zukunft in zehn Jahren.

Schritt 1: Schreiben Sie Ihre Ideen als Stichworte in die Tabelle.

Name	sie:	er:
Beruf		
Hobbys		
Familienstand (*marital status*)		
Wohnort		
Probleme		
anderes: Ziele (*goals*), Freunde, Urlaub usw.		

Schritt 2: Bilden Sie Sätze mit den gesammelten Stichworten. Verwenden Sie dabei auch einige Verben im Futur. Sie können entweder nur über eine Person schreiben oder beide vergleichen. Wie Sie im *Handbuch* gelesen haben, gibt es oft bei solchen Informationen eine Mischung von Futur und Präsens.

In zehn Jahren wird [diese Freundin/dieser Freund] _____ Jahre alt sein. Sie/Er wird wohl

_____

_____

_____

_____

_____

_____

_____

_____

B. Wie wird es wohl in zehn Jahren bei Ihnen oder in Ihrem Land aussehen? Schreiben Sie einen kurzen Aufsatz darüber, auch mit einer Mischung von Präsens und Futurformen der Verben. Wenn Sie über sich selbst schreiben wollen, benutzen Sie einige Stichworte von der vorigen (*previous*) Schreibübung.

Alter (*age*)	**Wohnort**	**Ziele**
Beruf	**Pläne**	**Träume** (*dreams*)
Hobbys	**Erwartungen** (*expectations*)	**Probleme**
Familienstand		

Wenn Sie über Ihr Land schreiben wollen, können Sie einige von diesen Stichworten benutzen.

Autos	**Freizeit**	**Computer/Internet**
Umwelt (*environment*)	**Familien**	**Unterhaltung** (*entertainment*)
Städte	**Medizin**	

In zehn Jahren _____

_____

_____

_____

_____

_____

_____

_____

_____

_____

_____

_____

_____

_____

_____

_____

_____

_____

_____

_____

_____

_____

WORKBOOK

Aufgaben zur Struktur

Word order

A. **Satzstellung.** Schreiben Sie die Sätze um, indem Sie den Satz mit dem fett gedruckten *(bold)* Wort oder Ausdruck anfangen.

BEISPIEL Ich kaufe **morgen** ein *(shop).* *Morgen kaufe ich ein.*

1. Der Film wird **um zehn Uhr** wiederholt.

   _____

2. Er hat uns nichts **mitgeteilt.**

   _____

3. Wir sind **die freundlichsten Kunden auf dieser Welt.**

   _____

4. Sie erzählte uns die Geschichte **bis ins kleinste Detail.**

   _____

5. Sie sangen **dann** das erste Lied nochmals einstimmig *(in unison).*

   _____

6. Die Professorin hat uns **viel** erklärt.

   _____

7. Du kannst es für uns zusammenfassen, **wenn du das Märchen gelesen hast.**

   _____

8. Meine Lieblingssprache ist **Deutsch.**

   _____

9. Wir können die Situation nicht **ändern.**

   _____

10. Um gute Noten zu bekommen, muss man **lernen** *(study)*!

    _____

B. **Wer schenkt was wem?** Schreiben Sie die Sätze um. Ersetzen Sie (*Replace*) Sie die fett gedruckten Wörter mit einem Pronomen.

BEISPIEL Ich schenke meinem Bruder **das Buch** zum Geburtstag.
Ich schenke es meinem Bruder zum Geburtstag.

1. Klaus schenkt **meinem Bruder** eine CD von den Fantastischen Vier.

   _____

2. Mein Bruder hat **Klaus die CD** in einem Geschäft gezeigt.

   _____

3. Klaus hat Inge **die CD** auch geschenkt.

   _____

4. Inge wollte ihrer Freundin **die CD** zum Geburtstag weiterschenken!

   _____

5. Klaus schenkt **Inge** eine CD und Inge schenkt **Klaus** einen CD-Spieler.

   _____

6. Klaus hat aber schon einen und wird **Inge** den CD-Spieler zurückgeben!

   _____

7. Mir wäre lieber, wenn **Inge** mir **den CD-Spieler** weiterschenken würde!

   _____

8. Zu meinem Geburtstag hat **Klaus** mir **die CD** von den Fantastischen Vier geschenkt, aber ich habe keinen CD-Spieler!

   _____

C. **Die Vorlesung.** Schreiben Sie Fragen zu den Antworten.

BEISPIELE **Ja,** ich komme morgen Nachmittag mit.   *Kommst du morgen Nachmittag mit?*

Die Vorlesung endet **um vierzehn Uhr.**   *Wann (Um wie viel Uhr) endet die Vorlesung?*

1. Wir gehen zu der Vorlesung, **weil wir die Professorin mögen.** *(fam.)*

   _____

2. Natürlich kannst **du** auch in die Vorlesung gehen.

   _____

3. Sie findet **im großen Hörsaal** *(lecture hall)* statt. (statt·finden = *to take place*)

   _____

4. **Ein Heft und einen Stift** sollte man mitnehmen.

   _____

5. **Nein,** man darf während der Vorlesung nicht essen!

   _____

6. Das Thema der Vorlesung ist **die Geschichte der Stadt Leipzig.**

   _____

7. Nach der Vorlesung gehen wir **in die Stadt.**

   _____

8. **Nein,** wir fahren nicht mit dem Bus.

   _____

D. Ein Tag am See. Verbinden Sie die Sätze mit der angegebenen Konjunktion.

BEISPIELE   Viele Leute haben keine Zeit. Sie arbeiten zu viel.   (weil)
                 Viele Leute haben keine Zeit, weil sie zu viel arbeiten.

                 Man arbeitet zu viel. Man hat keine Freizeit.   (wenn)
                 Wenn man zu viel arbeitet, hat man keine Freizeit.

1. Die Eltern nehmen mal einen Tag frei. Die Familie fährt zum See.   (wenn)

   _____

2. Die Kinder gehen schwimmen. Sie haben keine Badehosen.   (obwohl)

   _____

3. Sie wissen nicht. Man darf dort nicht schwimmen.   (dass)

   _____

4. Ihre Eltern gehen spazieren. Sie achten nicht auf ihre Kinder.   (und)

   _____

5. Sie machen sich aber keine Sorgen. Onkel Bernhard ist bei den Kindern.   (weil)

   _____

6. Das Wetter ist so herrlich. Man möchte nicht an die Arbeit denken.   (wenn)

   _____

7. Jetzt ist das Wetter schön. Nachher soll es regnen.   (aber)

   _____

8. Man weiß ja nie. Die Wettervorhersage *(weather report)* stimmt *(to be correct)*.   (ob)

   _____

9. Die Kinder freuen sich. Die Eltern müssen heute nicht arbeiten.   (dass)

   _____

E. **Genauer gesagt.** Ergänzen Sie die Sätze mit den angegebenen Satzteilen.

BEISPIEL   Eine Börse *(stock exchange)* gab es seit 1678.   (in Leipzig)
                       Eine Börse gab es seit 1678 in Leipzig.

1. Martin Luther predigte.   (in der Leipziger Thomaskirche / 1539)

2. J.S. Bach wirkte.   (an der Thomaskirche / 1723–1750 / als Organist und Kantor)

3. Ich habe eine alte Prinzen-CD gesehen.   (in einem Geschäft / vorgestern)

4. Ich werde sie kaufen.   (als Geschenk für Inge / in einem anderen Geschäft / morgen)

5. Hast du die letzte Sendung von *Märchenfilmen* gesehen?   (im Fernsehen / damals)

Present tense

A. **Konjugation.** Schreiben Sie die richtige Form des Verbs mit dem gegebenen Subjekt.

1. hören: ich _____, er _____

2. kaufen: du _____, wir _____

3. informieren: sie *(sing.)* _____, Sie _____

4. lernen: ihr _____, sie *(pl.)* _____

5. studieren: ich _____, du _____

6. sagen: wir _____, er _____

B. **Die richtige Verbform.** Setzen Sie die richtige Form des Verbs ein.

1. Warum _____ du das Video herunter?   (laden)

2. Was _____ der Pullover?   (kosten)

3. _____ ihr die Fenster, bitte?   (öffnen)

4. Warum _____ sie *(sing.)* den Plan schon wieder?   (ändern)

5. Er _____ mit seiner Freundin.   (tanzen)

6. Wir _____ vierzig Dollar.   (wechseln)

C. **Die Verabredung** *(date)*. Wählen Sie das richtige Verb und vervollständigen *(complete)* Sie die Sätze.

1. Sandra _____ sich heute Abend mit Matthias.   (treffen, lesen)

2. Wollen wir wetten *(to bet)*, dass er es _____?   (werfen, vergessen)

3. Sie _____ ihn jede Woche _____, aber er kommt
   nie!   (ein·laden, aus·sehen)

4. Er _____ jetzt mit Christian.   (sehen, sprechen)

5. _____ du ihm diesen Zettel *(note)*?   (treten, geben)

6. Er soll nicht wissen, wer ihm _____.   (helfen, sterben)

7. Jetzt _____ er den Zettel.   (empfehlen, lesen)

8. _____ er den Zettel _____?   (aus·sprechen, weg·werfen)

9. Es ist besser, sie _____ ihn!   (stehlen, vergessen)

D. Studentenmode. Setzen Sie die richtige Form des passenden Verbs von der Liste ein. Einige Verben kommen zweimal vor.

fahren	schlafen
gefallen	tragen
halten	waschen
laufen	

1. An dieser Uni _____ jeder die neueste Mode.

2. Das _____ meiner Freundin nicht.

3. Sie _____ es für blöd (*silly*).

4. Man _____ nur von einem Geschäft zum nächsten.

5. Meine Freundin _____ einmal im Jahr nach Hause, um Klamotten (*colloq. clothes*) zu kaufen.

6. Manchmal _____ sie dasselbe Hemd, in dem sie _____!

7. Sie _____ ihre Klamotten auch nur alle vier Wochen!

E. Mehr Verben im Präsens. Setzen Sie die richtigen Verbformen ein.

1. Ich _____ Studentin/Student, was _____ du? (sein)

2. Wir _____ jetzt Deutsch, was _____ ihr? (haben)

3. Er _____ Lehrer, was _____ du? (werden)

4. Sie (*pl.*) _____ das schon, was _____ Sie? (wissen)

5. _____ ich alles, was du _____? (haben)

6. _____ du, wie viel er _____? (wissen)

7. Wenn sie (*sing.*) zwanzig _____, _____ ich vierzig. (werden)

8. Er _____ alt, aber wir _____ älter. (sein)

F. *Kennen* oder *wissen*? Übersetzen Sie die Sätze. Verwenden Sie die **du**-Form für *you*.

1. What do you know about (**über**) Germany?

   _____

2. I know some (**einige**) people in Berlin.

   _____

3. Do you know where Berlin is?

   _____

4. Yes! I know the city very well.

   _____

5. Do you know the people well?

_____

6. Why do you want to know?

_____

7. You know that I always ask questions!

_____

G. **Anders gesagt.** Schreiben Sie die Sätze um, ohne Modalverben oder **werden** zu benutzen.

BEISPIEL   Ich muss morgen einkaufen.   *Ich kaufe morgen ein.*

1. Wo kann man interessante Leute kennenlernen?

_____

2. Weiß dein Freund, dass du ausgehen wirst?

_____

3. Der Zug wird um 08.15 Uhr von Gleis 2 nach Hamburg abfahren.

_____

4. Mein Mitbewohner *(roommate)* will seine Freundin heute Abend anrufen.

_____

5. Könnt ihr die Hausaufgaben für morgen bitte aufschreiben?

_____

6. Nach dem Essen sollen wir irgendwo Kaffee trinken.

_____

7. Weißt du, ob er heute Nachmittag mitkommen wird?

_____

8. Wenn Sie nicht aufpassen können, werden Sie diesen Satz falsch umschreiben!

_____

H. **Das Verb fehlt!** Schreiben Sie ganze Sätze mit den richtigen Verbformen.

BEISPIEL   Sie *(formal)* / die Frage / ?   (verstehen)   *Verstehen Sie die Frage?*

1. wir / dem Stress nicht   (entkommen = *to escape*)

   _____

2. er / eine schlechte Note / in der Prüfung / ?   (bekommen)

   _____

3. du / mit 800 Euro / im Monat / ?   (aus·kommen = *to manage, make do*)

   _____

4. Wisst ihr, / wann sie *(sing.)* / ?   (an·kommen)

   _____

5. warum / Sie / den Preis / dieses Jahr nicht / ?   (vergeben = *to award*)

   _____

6. wie viel Geld / sie *(sing.)* / jeden Monat / für ihre Wohnung / ?   (aus·geben)

   _____

7. ich / dir / deinen iPod / morgen   (zurück·geben)

   _____

Present perfect tense

A. **Partizipien.** Bilden Sie das Partizip.

BEISPIEL   lernen   *gelernt*

1. hören _____
2. korrigieren _____
3. kosten _____
4. legen _____
5. arbeiten _____

6. (sich) ärgern _____
7. studieren _____
8. haben _____
9. passieren _____
10. schreiben _____

B. **Welches Verb passt?** Setzen Sie das Partizip des richtigen Verbs ein.

BEISPIEL   Wir haben bis drei Uhr morgens _____*getanzt*_____. (tanzen, wohnen)

1. Wann haben Sie in Jena _____? (studieren, hören)
2. Dieser Dichter hat im 18. Jahrhundert _____. (leben, wohnen)
3. Der Sänger Muhabbet hat ein Lied über Deutschland _____. (sitzen, singen)
4. Das Problem haben wir noch nie _____. (arbeiten, diskutieren)
5. Paris Hilton hat nichts in der *Wetten, dass...?* Show _____. (sagen, schlafen)
6. Der Hund hat mir in die Hand _____. (reisen, beißen)
7. Diese fleißige Studentin hat bis tief in die Nacht _____. (studieren, lernen)
8. Gisela hat ihre Geburtstagsgeschenke _____. (öffnen, essen)

C. **An der Bushaltestelle.** Setzen Sie das Partizip des richtigen Verbs aus der Liste ein.

denken	kennen	nennen	stehen
erkennen	mit·bringen	rennen	wissen

Gestern bin ich zur Bushaltestelle (1) _____. Ich habe (2) _____,

dass der Bus um zwei Uhr fährt. Leider habe ich nicht (3) _____, dass er am Wochenende

erst um halb drei fährt. Ich habe also eine halbe Stunde an der Haltestelle (4) _____. Zum

Glück hatte ich meinen iPod (5) _____. Dann kam ein Junge, den ich vom Fußballverein

von zu Hause (6) _____ habe. Er hat mich „Mac-Mädel" (7) _____,

weil ich meinen iPod immer dabei hatte. Er hat mich natürlich sofort (8) _____.

D. Sätze im Perfekt. Schreiben Sie die Sätze in das Perfekt um.

BEISPIEL   Ich trinke meinen Kaffee ohne Milch und Zucker.
                Ich habe meinen Kaffee ohne Milch und Zucker getrunken.

1. Der deutsche Fernsehsender *(TV channel)* ZDF sendet die erste *Wetten, dass…?* Show.

   _____

2. Frau Mecklenburg spricht mit ihren Mietern *(renters)* über die Hausordnung.

   _____

3. Herr Pauker gibt uns zu viele Hausaufgaben auf.

   _____

4. Inge schläft bis dreizehn Uhr.

   _____

5. Ich lese mit Erstaunung *(shock)* deine E-Mail!

   _____

6. Sonja versteht ihre Professorin nicht.

   _____

7. Die Geschichtsvorlesung beginnt schon um halb neun.

   _____

8. Der Vogel fliegt in die Tiefgarage.

   _____

E. Was haben Sie mit jedem Gegenstand gemacht? Wählen Sie ein Verb aus der Liste aus und schreiben Sie Sätze im Perfekt.

BEISPIEL   das Buch   *Das Buch habe ich gelesen.*

gehen	laufen	machen	sehen	singen
helfen	~~lesen~~	messen	sein	schneiden

1. das Lied

   _____

2. die Tomaten

   _____

3. den neuen Film

   _____

4. dem alten Herrn

   _____

5. meine Hausaufgaben nicht

_____

6. den Abstand *(distance)*

_____

F. **Das Verb fehlt.** Schreiben Sie Sätze mit dem Verb im Perfekt.

BEISPIEL   ich / nicht genug Geld. (mit·nehmen) *Ich habe nicht genug Geld mitgenommen.*

1. die Studentin / nicht (zu·hören)

_____

2. den Brief / er / erst heute Nachmittag (ab·schicken)

_____

3. in der Buchhandlung / sie *(pl.)* / zu viel Geld (aus·geben)

_____

4. obwohl Lutz eine schöne Stimme hat / er / nicht (mit·singen)

_____

5. der Schauspieler / die Rolle (ein·studieren = *rehearse*)

_____

6. die Prüfung / ich / eine Viertelstunde zu spät (ab·geben)

_____

7. den Stadtplan / ihr / euch noch nicht / nicht wahr / ? (an·sehen)

_____

8. ich / meinen Eltern / meine Freundin (vor·stellen)

_____

G. **Was habe ich nur gemacht!** Setzen Sie das Partizip des richtigen Verbs aus der Liste ein. Verwenden Sie jedes Verb nur einmal.

BEISPIEL   Letzte Woche habe ich meine Freunde _____ *enttäuscht* _____.

beleidigen *(to insult)*	~~enttäuschen~~ *(to disappoint)*	vermissen
beschreiben	missverstehen	versprechen
besuchen	verlieren	verstehen

Ich habe ihnen (1) _____ eine Geburtstagsfete für Daniel zu organisieren. Ich

habe ihnen meine Pläne sogar *(even)* in einer E-Mail (2) _____. Aber wir haben

uns (3) _____, denn ich habe das Fest für nächste Woche geplant, aber sie haben

(4) _____, dass wir schon diesen Freitag feiern würden. Nun habe ich Freitag meine

Schwester in Leipzig (5) _____, weil ich sie (6) _____ habe.

Meine Freunde habe ich aus Versehen *(by mistake)* sehr (7) _____ und vielleicht sogar

(8) _____.

H. *Haben* oder *sein*? Setzen Sie die richtige Form des Hilfsverbs ein.

BEISPIEL   Karl _____ *hat* _____ ein Brötchen gekauft.

1. _____ du wirklich während der Vorlesung eingeschlafen?

2. Ich _____ endlich nach Paris gefahren.

3. Wann _____ Sie den Reichstag in Berlin besichtigt?

4. Mensch, _____ du im Urlaub braun geworden!

5. Wir _____ keine Lust gehabt sechs Stunden im Regen zu sitzen.

6. Mir _____ gestern etwas Komisches passiert!

7. Wir _____ den ganzen Tag zu Hause geblieben.

8. Ich _____ mein Auto ins Parkhaus gefahren.

9. Endlich _____ es mir gelungen!

10. Er _____ mich nicht wiedererkannt.

I.   **Wortschatz.** Erklären Sie den Grund für jedes Geschehnis. Verbinden Sie die Sätze mit *weil, da* oder *denn*. Verwenden Sie jede Konjunktion mindestens einmal.

BEISPIEL   Dienstag bin ich zum Bahnhof gefahren. Ein Freund aus Bern ist an dem Tag zu Besuch gekommen.
Dienstag bin ich zum Bahnhof gefahren, denn ein Freund aus Bern ist an dem Tag zu Besuch gekommen.

1. Jasmin hat sich an mich um Hilfe gewandt. Sie hatte Schwierigkeiten mit den Hausaufgaben.

   _____

2. Die Politiker haben der Rede *(speech)* intensiv zugehört. Heute wird eine wichtige Entscheidung getroffen.

   _____

3. Meine Eltern haben mir jeden Monat ein Päckchen geschickt. Ich kann gar nicht kochen.

   _____

4. Der Angriff *(attack)* auf die Stadt ist den Rebellen nicht gelungen. Die Rebellen haben keine Unterstützung *(support)* von der Bevölkerung *(people)*.

   _____

5. Wir haben das kleinere Haus vorgezogen *(preferred)*. Der Preis war günstig.

   _____

6. Ich hatte überhaupt kein Interesse an dieser Sendung. Solche Spiele finde ich doof.

   _____

Definite articles and *der*-words • Indefinite articles and *ein*-words

A. **Am Strand!** Ergänzen Sie, falls notwendig *(necessary)*, die Endungen der Possessivpronomen oder schreiben Sie die richtigen fehlenden Artikel in die Lücken.

1. Der Strand ist mein_____ Lieblingsort im Sommer.

2. _____ ganze Familie kann sich dort amüsieren.

3. Für _____ kleinen Kinder gibt es Sand und Wasser zum Spielen.

4. Mein_____ große Schwester liegt _____ ganzen Tag in _____ Sonne.

5. Mein_____ kleiner Bruder fährt mit sein_____ Freunden Fahrrad.

6. Mein_____ Mutter geht mit mein_____ Vater spazieren.

7. Ich schreibe alles in mein_____ Tagebuch auf, damit ich unser_____ tollen Urlaub nie vergesse!

8. Ich schreibe auch Postkarten an mein_____ Freunde, damit sie sehen, wie schön _____ Strand ist.

B. **Ein komisches Märchen.** Setzen Sie die richtige Form von **der, ein** oder **kein** ein.

BEISPIEL   Es war einmal _____*eine*_____ Prinzessin namens Elisabeth …

(1) _____ junge Frau wohnte in (2) _____ großen Schloss *(n., castle)* und hatte (3) _____ guten

Freund. Sein Name war Heinz und er war (4) _____ junger Prinz, der (5) _____ Prinzessin oft besuchte.

Heinz wollte (6) _____ Prinzessin Elisabeth heiraten, damit er (7) _____ König und sie

(8) _____ Königin (9) _____ Landes werden würden. Heinz spielte Schach *(chess)* mit (10) _____

Prinzessin, und er half ihr auch (11) _____ Schloss sauber zu machen, denn Elisabeth wollte (12) k_____

Diener *(pl., servants)* haben. Eines Tages kam (13) _____ hungriger Drache *(m., dragon)* und fraß viele

Leute in (14) _____ Schloss und brannte alles mit seinem feurigen Atem *(m., breath)* ab.

(15) _____ Leute in (16) _____ Stadt hörten (17) _____ Hilfeschreie *(cries for help)*

(18) _____ Leute im Schloss, aber (19) _____ Atem (20) _____ Drachen nahm (21) _____

Leuten *(dat.)* (22) _____ Mut *(m., courage)*. (23) _____ Drache nahm (24) _____ Freund

(25) _____ Prinzessin *(gen.)* und (26) _____ Bäuerin *(female farmer)* aus (27) _____ Stadt

gefangen *(captive)*. Elisabeth folgte *(dat., followed)* (28) _____ Drachen, um ihren Freund und (29) _____

Bäuerin zu retten. Und weil sie (30) _____ kluge Frau war, konnte sie (31) _____ beiden auch retten!

C. **Mit oder ohne Artikel?** Wählen Sie die passenden Wörter aus der Liste und vervollständigen Sie die Sätze.

Arbeit	Ort	Raum	Zimmer
Kellner(in)	Platz	Stelle	

1. Ich bin _____ in der Kneipe nebenan.

2. Ist das _____, wo wir uns kennengelernt haben?

3. Nein, es war auf _____ vor der Kneipe, neben dem Springbrunnen *(fountain)*. Erinnerst du dich nicht?

4. Doch, jetzt wo du es sagst. An _____ haben wir uns zum ersten Mal gesehen.

5. Kurz danach ist dort _____ als Kellner(in) freigeworden und ich habe mich dafür beworben *(applied for)*.

6. Mit dem Geld, das ich verdiene, kann ich mir eine größere Wohnung leisten *(afford)*, damit ich genug _____ habe.

7. Früher habe ich nur ein kleines _____ gehabt.

8. An deiner _____ hätte ich auch eine größere Wohnung gesucht!

D. **Auf Deutsch!** Übersetzen Sie die Sätze. Verwenden Sie die Kontraktionen **im, zur** usw. wenn möglich.

1. My girlfriend has invited me to dinner on Thursday.

   _____

2. She lives in an apartment in (= on) Mozartplatz.

   _____

3. I'll travel by bus, not by car.

   _____

4. She will have pictures of her trip to (in) Switzerland.

   _____

5. She went with her mother and father.

   _____

6. Her parents like to travel (**gern reisen**), but mine don't.

   _____

7. We did not go on vacation last year.

   _____

8. This year we will go to the beach.

   _____

E. Fremdsprachen lernen! Setzen Sie die richtige Form des Wortes ein.

BEISPIEL _____*Manche*_____ Leute finden es wichtig eine Fremdsprache zu lernen.
(manch-)

1. Nicht _____ Student und _____ Studentin findet
   es einfach. (jed-)

2. _____ Fremdsprache finden Sie am wichtigsten? (welch-)

3. Beim Lernen _____ Fremdsprache muss man fleißig sein. (jed-)

4. Fleiß ist das Kennzeichen *(hallmark)* _____ guten Studenten. (all-)

5. Mit _____ Arbeitsheft üben wir Deutsch. (dies-)

6. Kennen Sie eine Autorin _____ Heftes? (ein- solch-)

7. _____ Kurs ist bestimmt Ihr Lieblingskurs! (dies-)

8. Deutsch ist die Muttersprache _____ Dichter und Denker *(pl.)*. (manch-)

F. Kaufen wir einen Tablet-PC! Schreiben Sie die Sätze mit **der**-Wörtern um.

BEISPIEL Das Geschäft gehört der Familie Müller. (dies-)
Dieses Geschäft gehört der Familie Müller.

1. Die Mitarbeiter im Geschäft sind sehr hilfsbereit. (all-)

   _____

2. Sie verkaufen eine Sorte von Tablet-PCs. (jed-)

   _____

3. Den Tablet-PC wünscht sich die Susanne. (dies-)

   _____

4. Mit dem Tablet-PC könnte sie besser arbeiten. (jen-)

   _____

5. Der Tablet-PC gefällt Jörg auch. (so ein-)

   _____

6. Die Leute haben schon wesentlich *(considerably)* mehr dafür bezahlt. (manch-)

   _____

7. Den Tablet-PC soll sich die Susanne kaufen. (solch ein-)

   _____

G. Mehr *der*-Wörter. Setzen Sie die richtige Form des **der**-Wortes ein.

BEISPIEL _____Solche_____ Bücher lese ich gern. *(such)*

1. Passt Ihnen _____ Termin *(m., appointment)*? *(this)*

2. Ich habe _____ Raum *(m.)* durchsucht! *(every)*

3. _____ Enkelkind *(grandchild)* schenken Sie den iPod nano? *(which)*

4. Die Kinder hören nicht _____ Erwachsenen *(adults)* zu! *(all)*

5. Neugier *(curiosity)* hat den Untergang _____ Katze verursacht. *(many a)*

6. Oder möchten Sie lieber _____ haben? *(that)*

7. Der Ruf *(reputation)* _____ Geschäftsleute ist nicht gut. *(such)*

8. Wir brauchen die Mitarbeit _____ Einzelnen *(m., individual)*. *(each)*

H. Gehen wir zelten! Setzen Sie das passende Possessivpronomen ein.

BEISPIEL Fahren wir mit _____unserem_____ Auto oder mit _____seinem_____?
(wir; er)

1. Wir brauchen _____ Kamera *(f.)*, weil _____ kaputt ist.
(du; ich)

2. Bringt Lisa _____ Rucksack mit, oder brauchen wir
_____? (sie; ich)

3. Ludger und Amalie unterhalten uns mit _____ Gitarren und Georg mit
_____. (sie *pl.*; er)

4. Eva denkt, dass _____ Lieder schöner sind als _____.
(sie; wir)

5. Ist die Farbe _____ Zeltes *(n.)* heller als die _____?
(du; er)

6. Da ist _____ Campingplatz, aber wo ist _____?
(ihr; wir)

7. Hast du _____ Handy *(n., cell phone)* mitgebracht? Ich habe
_____ vergessen. (du; ich)

8. Ich habe _____ auch vergessen – vielleicht haben Ludger und Amalie
_____ dabei. (ich; sie *pl.*)

Cases and declensions

A. Artikel. Schreiben Sie die richtige Form des Artikels.

BEISPIEL der Hut *(acc., gen.)* *den Hut, des Hut(e)s*

1. die Sicherheit *(dat., acc.)* _____ _____

2. das Manuskript *(acc., gen.)* _____ _____

3. die Studentinnen *(dat., gen.)* _____ _____

4. die Autorin *(acc., gen.)* _____ _____

5. der Schauspieler *(acc., dat.)* _____ _____

6. die Freunde *(acc., dat.)* _____ _____

7. der Regisseur *(dat., gen.)* _____ _____

8. das Geheimnis *(dat., acc.)* _____ _____

9. die Gefühle *(acc., dat.)* _____ _____

10. der Vater *(gen., dat.)* _____ _____

B. Der richtige Artikel. Setzen Sie das passende Wort mit der richtigen Form des bestimmten Artikels ein.

BEISPIEL Dreyman schreibt _____ *den Artikel* _____, der 1984 im *Spiegel* erscheint.

~~Artikel~~	Beweis *(m., evidence)*	Freundin	Schriftsteller *(m., author)*	Widmung *(f., dedication)*
Aufgabe	Buch	Schreibmaschine	Stasi	

1. Die Stasi will _____ finden, auf der Dreyman den Artikel geschrieben hat.

2. _____ von Dreyman heißt Christa-Marie.

3. Sie will _____ nicht helfen, aber sie hat keine andere Wahl.

4. Sie verrät endlich, wo _____ die Schreibmaschine versteckt hat.

5. Um sie zu schützen, entfernt Wiesler _____, bevor die Stasi ihn finden kann.

6. Danach wird Wiesler versetzt, da er _____ nicht erfüllt hat.

7. Nach der Wiedervereinigung kauft Wiesler _____, das Dreyman geschrieben hat.

8. _____ darin überrascht ihn. Das Buch ist ihm gewidmet, denn der Schriftsteller wusste, dass Wiesler ihn damals geschützt *(protected)* hatte.

C. **Wem?** Schreiben Sie die Sätze um, indem Sie sie mit dem angegebenen Dativobjekt ergänzen.

BEISPIEL   Sie schreibt eine Postkarte.   (meine Schwester)
              Sie schreibt meiner Schwester eine Postkarte.

1. Der Krankenpfleger *(male nurse)* bringt ihre Medikamente.   (die Patientin)

   _____

2. Der Dozent *(lecturer)* beschreibt die Aufgabe.   (die Studenten)

   _____

3. Ich habe den Film empfohlen.   (mein Mann)

   _____

4. Die Frau erklärt den Witz.   (das Kind)

   _____

D. **Nomen und Pronomen.** Ersetzen *(Replace)* Sie die Nomen mit Pronomen und umgekehrt *(vice versa)*.

BEISPIELE   Monika sagt dem Jungen die Abfahrtszeit *(time of departure)*.
               Sie sagt sie ihm.

               Er beantwortete sie ihm.   (Jan, die Frage, der Herr)
               Jan beantwortete dem Herrn die Frage.

1. Hans kauft seiner Mutter ein Handy.

   _____

2. Er zeigte ihn ihr.   (Peter, der iPod, die Kundin)

   _____

3. Nick bekommt das Geld von seiner Freundin.

   _____

4. Der Vater glaubt seiner Tochter nicht.

   _____

5. Astrid leiht ihrer Freundin ihr Auto.

   _____

6. Er bereitet es ihr vor *(prepares)*.   (der Junge, seine Freundin, das Abendessen)

   _____

7. Der Maler tapezierte *(wallpapered)* Frau Meier die Wohnung.

   _____

E. Welcher Fall? Ergänzen Sie die Sätze.

1. Es gelingt _____ nicht, Dreyman auszuschalten.   *(the boss)*

2. Der Stasi-Mitarbeiter läuft _____ nach.   *(the woman)*

3. Der Häftling tut _____ leid.   *(the students)*

4. Christa-Marie fehlt _____, nachdem sie gestorben ist.   *(the playwright =* **der Schriftsteller***)*

5. Gestern ist er _____ begegnet.   *(the actress)*

6. Grubnitz traut _____ nicht.   *(the man)*

7. Sie kann _____ nicht entgehen.   *(the Stasi)*

F. Auf Deutsch! Übersetzen Sie die Sätze.

1. The owner (**der Besitzer**) of the apartments comes from the region (**die Gegend**).

   _____

2. The name of the river is the (**der**) Neckar.

   _____

3. Hölderlin's house is on the river.

   _____

4. The name of the founder (**der Gründer**) of the university is Karl Eberhard.

   _____

5. Is the name of the city Tübingen? Yes!

   _____

G. Wie viel? Ergänzen Sie die Sätze.

BEISPIEL   Gabi bestellt eine _____ *Tasse Tee* _____ *(a cup of tea).*

1. Wir brauchen _____ *(a container = m.,* **ein Becher** *of yogurt).*

2. Er hat _____ *(a lot =* **eine Menge** *of money)* verloren.

3. Ich will _____ *(a pound of meat)* auf dem Markt kaufen.

4. Sie sieht _____ *(a group of children).*

5. Ich will _____ *(a liter of milk)* auf dem Markt kaufen.

6. Sie sollte _____ *(the box =* **die Schachtel** *of cigarettes)* nicht kaufen.

7. Kauft ihr noch _____ *(a bottle of wine)* für das Fest ein?

H. Die Prinzessin auf der Erbse (pea). Vervollständigen Sie die Sätze mit den richtigen Artikeln.

Es war einmal ein schöner junger Prinz. (1) _____ Prinz wollte (2) _____ edelste Prinzessin (3) _____ Welt heiraten (marry). Er reiste durch die ganze Welt, um (4) _____ schönste und beste Prinzessin zu finden. Doch (5) _____ vielen Prinzessinnen, die er gefunden hatte, waren alle nicht gut genug. (6) _____ Prinz hat (7) _____ Prinzessinnen geprüft, aber keine hat (8) _____ Prüfung bestanden.

Eines Nachts gab es (9) _____ schrecklichsten Sturm (m.) (10) _____ Jahres und jemand klopfte an die Tür. (11) _____ Regen strömte hernieder, und (12) _____ alte König ging zu der Tür, um aufzumachen. Draußen stand eine Prinzessin. (13) _____ Prinzessin fragte (14) _____ König, ob sie übernachten durfte. (15) _____ Prinzessin gefiel (16) _____ Prinzen sehr. (17) _____ Mutter (18) _____ Prinzen wollte ihrem Sohn helfen. (19) _____ alte Königin bezweifelte (doubted), dass (20) _____ schöne Fräulein vor der Tür eine echte Prinzessin war. Bevor (21) _____ Königin (22) _____ Prinzessin zeigte, wo sie übernachten sollte, nahm (23) _____ Mutter (24) _____ Prinzen (25) _____ Bett (26) _____ Prinzessin auseinander (apart) und legte eine kleine Erbse (pea) auf den Boden (27) _____ Bettes. Dann legte (28) _____ Königin zwanzig Matratzen darauf.

Am nächsten Morgen fragte (29) _____ ganze Familie (30) _____ Prinzessin, wie sie geschlafen habe. (31) _____ Prinzessin gab (32) _____ richtige Antwort: sie hatte kaum schlafen können, weil sie (33) _____ Erbse unter den zwanzig Matratzen gespürt hatte. (34) _____ Prinz nahm (35) _____ Prinzessin zur Frau, weil er wusste, dass sie (36) _____ edelste Prinzessin (37) _____ Welt war. (38) _____ Erbse kann man heute noch in dem Museum (39) _____ Stadt finden, falls niemand sie weggenommen hat.

Prepositions

A. **In der Buchhandlung.** Wählen Sie die passenden Präpositionen und Artikel bzw. Endungen.

BEISPIEL Die Buchhandlung ist _____ *um die* _____ Ecke.

    gegen   **von**   **um**   **über**

1. Ich kaufe dieses Buch _____ mein_____ Vater.
   für   **von**   **bei**   **über**

2. Diese Buchhandlung war bis vor einigen Tagen _____ Mühlstraße.
   ohne   **in**   **von**   **um**

3. Ein Auto ist _____ alt_____ Gebäude gefahren.
   gegen   **für**   **mit**   **von**

4. Es ist _____ Fenster gefahren.
   mit   **in**   **um**   **von**

5. Der Unfall ist letzten Donnerstag _____ drei Uhr passiert.
   bei   **auf**   **an**   **um**

6. Der Fahrer ist _____ Führerschein gefahren.
   mit   **für**   **gegen**   **ohne**

7. Wir sind _____ Auto gegangen und haben den Fahrer festgehalten.
   um   **ohne**   **durch**   **mit**

8. Die Buchhandlung ist letzten Freitag _____ dies_____ neu_____ Gebäude umgezogen.
   durch   **in**   **für**   **gegen**

B. **Sie sind aber neugierig!** Beantworten Sie die Fragen mit einer passenden Präposition. Bei einigen Fragen passen mehrere Präpositionen.

BEISPIEL Mit wem sind Sie gekommen? (meine Eltern)
Mit meinen Eltern.

1. Wo sind Sie gewesen? (der Augenarzt)

_____

2. Wo liegt seine Praxis *(office)*? (die Bank)

_____

3. Wohin gehen Sie jetzt?　(die Apotheke)

_____

4. Woher haben Sie diese Informationen?　(die Sekretärin)

_____

5. Wann gehen wir ins Kino?　(das Abendessen)

_____

6. Seit wann wohnen Sie hier?　(der achtundzwanzigste Februar)

_____

7. Mit wem haben Sie heute schon gesprochen?　(meine Tochter)

_____

8. Woher kommen Sie?　(die Vereinigten Staaten)

_____

C. **Richten wir die Wohnung anders ein!** Schauen Sie sich das Bild genau an. Dann beschreiben Sie, wo alles ist und was Sie damit machen, mit den angegebenen *(supplied)* Vokabeln, wie in dem Beispiel.

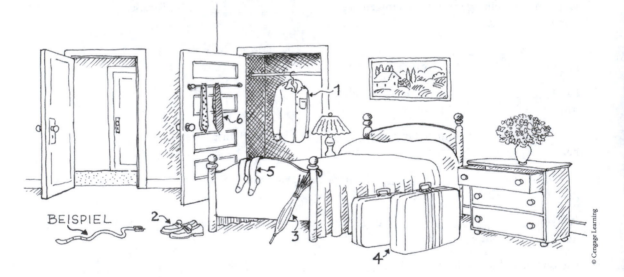

BEISPIEL　　der Gürtel / Fußboden → Schublade
　　　　　　Der Gürtel liegt auf dem Fußboden. Ich lege ihn in die Schublade.

1. das Hemd / Schrank → Kommode

_____

2. die Schuhe / Boden → Schrank

_____

3. der Schirm / Bett → Flur *(hallway)*

_____

4. die Koffer *(pl.)* / Bett → Bett

_____

5. die Socken / Bett → Schublade

_____

6. die Krawatten / Schranktür → Schrank

_____

D. Die Erkältung. Setzen Sie die passenden Präpositionen und, wo nötig, Endungen ein.

BEISPIEL   Torsten kam nicht _____*wegen*_____ sein____*er*____ Erkältung.
         (wegen; jenseits)

1. Er wohnt _____ ein_____ Dorf _____ und konnte nicht sofort zum Arzt.
   (während; außerhalb)

2. Er hat sich erkältet, weil er _____ ein_____ Warnung_____ von seinen
   Freunden ohne Mütze und Handschuhe Eishockey gespielt hat.   (trotz; oberhalb)

3. Natürlich hat er auch _____ d_____ Spiel _____ viel geschwitzt *(sweated)*.
   (statt; während)

4. Er hat auch danach eine Cola getrunken, _____ ein_____ Tasse _____ Tee.
   (statt; wegen)

5. Der Spielplatz liegt _____ ein_____ Wald _____ und er musste die ganze
   Strecke allein laufen.   (trotz; jenseits)

6. Obwohl er heute schon wieder Eishockey spielen wollte, blieb er _____

   Wetter_____ zu Hause.   (wegen; [an]statt)

E. Ein Gespräch an der Uni. Setzen Sie die passenden Präpositionen und, wo nötig, Endungen ein.

BEISPIEL   _____*Außer*_____ mein____*em*____ Deutschkurs _____ habe ich heute
         keinen Unterricht.   *(besides)*

1. Wollen wir _____ mein_____ Bruder _____ einkaufen gehen?   *(with)*

2. Kauft er Essen _____ d_____ Fest _____ am Samstag ein?   *(for)*

3. Übrigens kann ich nicht _____ d_____ Mensa _____ mitkommen.   *(in)*

4. Warum nicht? Sie liegt direkt _____ d_____ Hörsaal _____.   *(behind)*

5. Ja, aber ich muss _____ d_____ Mittagspause _____ Geld holen.   *(during)*

6. Kannst du dich _____ ein_____ Mittagessen _____ konzentrieren?   *(without)*

7. Es gibt eine Bäckerei _____ d_____ Bank _____.   *(across from)*

F. **Auf Deutsch!** Übersetzen Sie die Sätze.

1. I live in the (very same) house you did last semester.

   _____

2. Do you (formal) need something to eat?

   _____

3. The boys are running along the fence (der Zaun).

   _____

4. My friend talks constantly about his vacation.

   _____

5. According to my professor (m.), I will pass (bestehen) the course.

   _____

6. I usually (gewöhnlich) go home by train.

   _____

7. For all I care, you (formal) can forget it.

   _____

8. Do you (fam. sing.) read your book while eating?

   _____

9. We are meeting at Peter's today.

   _____

G. **Wortschatz.** Setzen Sie die richtige Präposition ein.

auf	nach
in	zu

1. Geht ihr oft _____ dieses Restaurant?

2. Samstagmorgens gehen wir _____ diesen Markt, nicht _____ den anderen.

3. Ach, nein! Ich muss _____ Hause. Ich habe die Theaterkarten da vergessen!

4. Gehst du heute Nachmittag _____ die Bank? Ja, und danach _____ die Kneipe.

5. Meine Schwester will im Sommer _____ Norwegen reisen.

6. Kommt Nico mit _____ die Party? Nein, er sitzt immer _____ Hause vor dem Computer.

7. Ein Flug von Europa _____ die USA dauert lange.

8. Sonntag gehen wir _____ Andrea und Jörg zum Brunch.

Negation

A. **Nein, nein, nein!** Beantworten Sie die Fragen mit **kein.**

BEISPIEL   Haben Sie heute Abend Zeit?   *Nein, ich habe heute Abend keine Zeit.*

1. Hast du Lust mit uns schwimmen zu gehen?

_____

2. Singst du witzige Lieder unter der Dusche?

_____

3. Esst ihr Gemüse?

_____

4. Haben wir Geld für so etwas?

_____

5. Möchten Sie einen Laptop kaufen?

_____

6. Kann er Deutsch?

_____

7. Gibt es dort eine Mensa?

_____

8. Hat Georg heute eine Klausur *(exam)* geschrieben?

_____

B. **Die Liebe ist schon schwierig!** Machen Sie eine negative Aussage mit **nicht** oder **kein**.

BEISPIELE   Sie will einen neuen Freund.
Sie will keinen neuen Freund.

Das hat er verstanden.
Das hat er nicht verstanden.

1. Warum rufst du mich an?

_____

2. Weil ich Zeit für so etwas habe.

_____

3. Morgen kann ich ins Kino gehen.

_____

4. Hast du Geld oder Lust?

_____

5. Ganz ehrlich *(honestly)* gesagt, will ich dich sehen.

_____

6. Warum denn? Magst du mich?

_____

7. Ich habe einen guten Grund dafür. Ich will bloß *(just)* mit dir zusammen sein.

_____

8. Dann habe ich Lust mit dir zu telefonieren. Tschüss!

_____

C. **Nochmals nein!** Beantworten Sie die Fragen im Negativ mit **nie, niemals** oder **nicht**.

BEISPIEL   Geht ihr oft schwimmen?
Nein, wir gehen nie(mals) schwimmen.

1. Sind Sie schon in Deutschland gewesen?

_____

2. Essen Sie jeden Tag in der Mensa?

_____

3. Hast du den neuesten Film von Uli Edel gesehen?

_____

4. Macht ihr immer eure Hausaufgaben?

_____

5. Wann gibst du mir deine E-Mail-Addresse?

_____

D. Nicht das, sondern das ... Verneinen Sie die Sätze und beginnen Sie die Alternative mit **sondern**.

BEISPIEL Ich fahre mit dem Bus in die Stadt. (Fahrrad)
Ich fahre nicht mit dem Bus in die Stadt, sondern mit dem Fahrrad.

1. Die Kinder trinken Cola. (Saft)

_____

2. Tim kocht heute Abend für uns. (übermorgen Abend)

_____

3. Auf ihrer Facebookseite gibt es Links. (nur Fotos)

_____

4. Meine Eltern fahren morgen früh mit dem Auto zum Flughafen. (mit dem Bus)

_____

E. Im Café. Schreiben Sie die Sätze zweimal um, zuerst mit genereller Verneinung und dann mit bestimmter Verneinung.

BEISPIEL Sie rief mich an. (dich)
Sie rief mich nicht an.
Sie rief nicht mich an, sondern dich.

1. Sie trifft ihre Eltern. (ihre Freunde)

_____

_____

2. Sie mag den Sessel. (das Sofa)

_____

_____

3. Sie bestellt die Sachertorte. (den Apfelstrudel)

_____

_____

4. Sie hat ihr Smartphone dabei. (ihren iPod)

_____

_____

5. Sie mag Rammstein. (Tokio Hotel)

_____

_____

F. Leider doch nicht. Bilden Sie Sätze im Negativ.

BEISPIEL   Lucas / zu Hause bleiben   *Lucas bleibt nicht zu Hause.*

1. er / im Bett liegen

_____

2. seine Kumpel (*buddies*) / auf ihn warten

_____

3. sie (*pl.*) / in die Stadt fahren

_____

4. Florian und Paul / ins Kino gehen

_____

5. Lucas / sich für den Film interessieren

_____

6. er / an Florian und Paul denken

_____

7. Lucas / über sein Pech schimpfen

_____

G. Nicht mehr. Übersetzen Sie die Sätze mit nicht mehr/kein(e) mehr.

1. The store doesn't have any more iPods.

_____

2. I don't have any more money.

_____

3. Julia doesn't want any more homework.

_____

4. Finn can't run any longer.

_____

5. Maria doesn't live in this apartment anymore.

_____

Simple past tense • Past perfect tense

A. Die richtige Verbform. Schreiben Sie die folgenden Verben in den richtigen Präteritumsformen.

BEISPIEL   lachen *(to laugh)* (er, wir)   *er lachte, wir lachten*

1. sagen (ich, Sie) _____ _____

2. halten (er, wir) _____ _____

3. brauchen (ihr, du) _____ _____

4. kosten (es, sie *pl.*) _____ _____

5. trainieren (sie *sing.*, du) _____ _____

6. niesen *(to sneeze)* (ich, du) _____ _____

7. fliegen (es, sie *pl.*) _____ _____

8. klingen *(to sound)* (Sie, es) _____ _____

9. erscheinen (sie *pl.*, sie *sing.*) _____ _____

10. finden (ich, Sie) _____ _____

B. Das Verb fehlt. Setzen Sie die richtigen Präteritumsformen der Verben ein.

BEISPIEL   Max _____ *rannte* _____ ins Haus.   (rennen)

1. Er _____, heute geht die Familie auf ein Picknick!   (denken)

2. Omi _____ einen Kuchen.   (backen)

3. Vati _____ Wurst, und Mutti _____ Eier.   (grillen, kochen)

4. Tante Elke und Onkel Thomas _____ einen Salat mit, denn sie _____,
   man soll etwas Grünes essen.   (bringen, denken)

5. Max' Bruder _____ einen Fußball mit. Er und Max _____ auf dem Rasen
   hin und her.   (bringen, rennen)

6. Plötzlich _____ der Regen _____. Die Familie _____
   nicht, was sie machen _____. (anfangen, wissen, sollen)

7. Alle _____ sich an Tante Karin. Sie _____ schon, was zu machen war,
   und _____ ein großes Zelt heraus.   (wenden, wissen, bringen)

8. Alle _____ hinein, wo es trocken _____. (gehen, sein)

9. Obwohl Max die Tante nur kaum _____, _____ er ihr sehr dankbar. (kennen, sein)

C. **Das Geburtstagsfest.** Schreiben Sie die Sätze in das Präteritum um.

BEISPIEL   Um 19.00 Uhr sind die Gäste gekommen.
            Um 19.00 Uhr kamen die Gäste.

1. Wir haben auf Stühlen an der Bar gesessen.

   _____

2. Lena hat viel getrunken.

   _____

3. Ich habe Luca im Restaurant gesehen.

   _____

4. Wir haben genug Geld mitgenommen.

   _____

5. Ich habe die Speisekarte gelesen.

   _____

6. David hat dem Kellner ein gutes Trinkgeld *(tip)* gegeben.

   _____

7. Wir haben für Lena „Happy Birthday" gesungen.

   _____

8. Sie hat von jedem ein Geschenk bekommen.

   _____

9. Zum Kaffee hat es Kuchen gegeben.

   _____

10. Das Fest ist sehr schön gewesen.

   _____

D. **Rund um die Uni.** Bilden Sie Sätze im Präteritum.

BEISPIEL   die Studenten / am Marktplatz sich versammeln
            Die Studenten versammelten sich am Marktplatz.

1. wir / an der Bibliothek vorbei·laufen _____

2. sie *(sing.)* / das Studentenheim besuchen _____

3. der Hörsaal / letztes Jahr ab·brennen _____

4. ich / gestern meine Studiengebühren bezahlen _____

5. die Mensa / um 18 Uhr zu·machen _____

6. ich / Schreibpapier und Stifte im Laden ein·kaufen _____

7. die Professorin / das Buch empfehlen _____

8. mein Freund / sich Geld am Bankautomaten holen _____

9. wir / den ganzen Nachmittag im Café verbringen _____

10. ich / meine Eltern letzte Woche an·rufen _____

E. Alte Schriftarten. Setzen Sie die richtigen Präteritumsformen der Verben ein.

BEISPIEL Die deutsche Schrift _____ *war* _____ nicht immer so, wie wir sie heute kennen. *(sein)*

1. Sie _____ sich während der Gotik _____.
   (heran·bilden = *to develop slowly*)

2. Die Mönche *(monks)* und Schreibmeister _____ Buchstaben neben Buchstaben, ohne Verbindungsstriche *(connecting lines)*.   (setzen)

3. Allmählich *(gradually)* _____ die gotischen Buchstaben vereinfacht *(simplified)* und durch Striche miteinander verbunden.   (werden)

4. Diese Schrift _____ man „Kurrentschrift".   (nennen)

   Die Kurrentschrift
   Created by Elizabeth Garcia /© Cengage Learning.

5. Deutsche Schülerinnen und Schüler _____ diese Kurrentschrift bis in die zwanziger Jahre des letzten Jahrhunderts. (lernen)

6. Viele Leute _____ diese Schrift schön, aber man _____ viel Zeit, um sie sauber zu schreiben. (finden, brauchen)

7. Nach dem ersten Weltkrieg _____ eine neue, einfachere Schrift, die „Sütterlin-Schrift", in Gebrauch.   (kommen)

   Die Sütterlin-Schrift
   Created by Elizabeth Garcia /© Cengage Learning.

8. Schon 1941 aber _____ es die „Deutsche Normalschrift", die lateinische Schrift, die wir heute kennen. (geben)

F. Wortschatz. Setzen Sie die richtige Form des passenden Verbs aus der Liste ein.

bekommen	holen	erhalten	kriegen

1. _____ mir doch bitte einen Kaffee!

2. Wir haben Ihre Bewerbung rechtzeitig _____.

3. _____ wir die Karten oder nicht?

4. Hast du meine E-Mail _____?

5. Sie hat den Nobelpreis _____.

6. Sie _____ sich Geld aus dem Bankautomaten.

7. Warum _____ er immer alles?

8. Er _____ ein neues Auto.

G. **Der Alltag.** Bilden Sie das Plusquamperfekt.

BEISPIEL um 6 Uhr auf·stehen (er) *Er war um 6 Uhr aufgestanden.*

1. zusammen frühstücken (wir) _____

2. duschen (ihr) _____

3. mit dem Bus fahren (du) _____

4. eine Vorlesung hören (er) _____

5. in der Mensa zu Mittag essen (ich) _____

6. Bücher aus der Bibliothek holen (du) _____

7. im Café Kaffee trinken (sie *sing.*) _____

8. mit Freunden am Abend aus·gehen (Sie) _____

9. neue Freunde kennenlernen (wir) _____

10. ganz spät nach Hause kommen (ich) _____

H. **Das hatten wir schon gemacht.** Übersetzen Sie die Antworten mit dem Plusquamperfekt.

BEISPIEL Warum bist du gestern nicht mit ins Kino gekommen? *(I had already seen the movie.)*
     Ich hatte den Film schon gesehen.

1. Wollen wir dieses Thema besprechen? *(I thought [Präteritum] that we had already discussed it.)*

   _____

   _____

2. Warum habt ihr gestern nicht in der Mensa gegessen? *(We had already eaten at home.)*

   _____

3. Warum sind deine Mitbewohner ohne dich einkaufen gegangen? *(I had gone shopping earlier.)*

   _____

4. Ist sie mit dir nach Hause gelaufen? *(No, she had already driven home.)*

   _____

5. Wann kam der Krankenwagen an? *(It came after we had already helped the child.)*

   _____

   _____

6. Wann klingelte das Telefon? *(It rang just after I had gone to bed [ins Bett gehen].)*

   _____

   _____

Modal verbs

A. **Anders gesagt.** Schreiben Sie die Sätze mit den Modalverben in der richtigen Form.

BEISPIEL   Timo geht nicht nach Hause. (können)   *Timo kann nicht nach Hause gehen.*

1. Kommst du heute Abend mit? (dürfen)

   _____

2. Wissen Sie, ob Ihr Mann morgen mithilft? (können)

   _____

3. Ihr seht euch die Stadt bestimmt an. (wollen)

   _____

4. Warum wiederholt sie sich ständig? (müssen)

   _____

5. Bis wann hast du die Arbeit fertig? (sollen)

   _____

6. Meine Freunde trinken nur schwarzen Kaffee. (wollen)

   _____

7. In Amerika fährt man nicht ohne Sicherheitsgurt *(seat belt)*. (dürfen)

   _____

8. Hast du gehört, dass Jürgen morgen nicht mitfährt? (können)

   _____

B. **Viele Fragen.** Beantworten Sie die Fragen. Wenn möglich, lassen Sie den Infinitiv weg.

BEISPIEL   Gehst du jetzt ins Bett?   (ja; müssen)   *Ja, ich muss jetzt ins Bett.*

1. Kommt deine Kusine heute Abend mit?   (nein; dürfen)

   _____

2. Spielt ihr Samstag Volleyball?   (ja; wollen)

   _____

3. Trinkt deine Mitbewohnerin morgens viel Kaffee? (nein; mögen)

   _____

4. Spricht dein Professor wirklich sieben Fremdsprachen? (ja; können)

   _____

5. Sagen sie uns, warum sie das gemacht haben? (ja; müssen)

   _____

C. **Warum nur?** Beantworten Sie die folgenden Fragen im Präteritum.

BEISPIEL   Warum ist Herr Lenk nach Hause gegangen? (müssen; seine Kinder von der Schule ab·holen)
   Er musste seine Kinder von der Schule abholen.

1. Warum sind die Gäste nicht früher gekommen? (können; die Kinder nicht allein zu Hause lassen)

   _____

2. Warum sind Sie so schnell aus dem Hörsaal gelaufen? (müssen; auf Toilette gehen)

   _____

3. Warum hat Lea diese Stelle angenommen? (wollen; in dieser Stadt wohnen)

   _____

4. Warum seid ihr nicht ins Hauptseminar gegangen? (dürfen; ein Hauptseminar noch nicht belegen)

   _____

5. Warum ist Alexander nicht mitgekommen? (sollen; Hausaufgaben machen)

   _____

D. „Der Struwwelpeter"*. Setzen Sie das passende Modalverb ein.

BEISPIEL   Der Struwwelpeter ließ seine Fingernägel ein ganzes Jahr nicht schneiden. Die
   _____*müssen*_____ wohl sehr lang gewesen sein! (dürfen, müssen: Präsens)

1. Der böse Friederich _____ nicht so gemein *(mean)* sein! (mögen, sollen: Präteritum)

2. Hans Guck-in-die-Luft _____ besser aufpassen, wo er hingeht! (müssen, können: Präsens)

3. Die Frau Mama sagt, dass Konrad nicht an seinem Daumen lutschen *(suck his thumb)*

   _____

   (dürfen, müssen: Präsens)

4. Paulinchen _____ mit dem Feuerzeug spielen, obwohl sie nicht durfte. (wollen, sollen: Präteritum)

5. Kaspar _____ keine Suppe essen und er verhungerte. (wollen, dürfen: Präteritum)

* **Der Struwwelpeter:** Old German collection of children's morality tales.

86 Handbuch zur deutschen Grammatik ■ Arbeitsheft / Student Activities Manual

6. Philip _____ am Tisch nicht still sitzen und er fiel hin.
   (sollen, können: Präteritum)

7. Man nennt ihn den fliegenden Robert, weil er trotz des Sturmes nicht nach Hause kommen
   _____. Der starke Wind hat ihn mit seinem Regenschirm davongetragen!
   (sollen, wollen: Präteritum)

8. Die Geschichten in diesem Buch sind ziemlich grausam und das Buch _____
   viele Kinder schon ein bisschen erschreckt haben!   (können, mögen: Präsens)

E.   Auf Deutsch! Übersetzen Sie die Sätze mit Modalverben.

1. You (sing. fam.) must not come too early.

   _____

2. He knows how to type fast.

   _____

3. I would like to go home.

   _____

4. My father does not have to work tonight. (Verwenden Sie zwei verschiedene Konstruktionen.)

   a. _____

   b. _____

5. They are said to be very poor.

   _____

6. She claims to know everything better.

   _____

7. We want you (sing. fam.) to visit us in Berlin.

   _____

F.   Ins Perfekt. Schreiben Sie die Sätze ins Perfekt um.

BEISPIEL   Ich wollte aufgeben.
                   Ich habe aufgeben wollen.

1. Wir sollten aufräumen (clean up).

   _____

2. Konntet ihr nicht hören?

   _____

3. Sie musste einkaufen.

   _____

4. Ich mochte nicht zusehen *(watch)*.

_____

5. Was wolltest du lesen?

_____

6. Sie durften ausgehen.

_____

G. **Ins Futur.** Bilden Sie Sätze im Futur und mit einem passenden Modalverb.

BEISPIEL   nach dem Essen / ich / das Geschirr spülen *(wash the dishes)*
                Nach dem Essen werde ich das Geschirr spülen müssen.

1. bei so schönem Wetter / die Studenten / draussen sitzen

_____

2. nächstes Jahr / du / ins Lokal mitkommen

_____

3. ohne genug Schlaf / er / nicht klar denken

_____

4. mit dem neuen Job / ihr / früher aufstehen

_____

H. **Was heißt denn das?** Erzählen Sie, was die Schilder bedeuten.

BEISPIEL *Hier muss man anhalten.*

© Shutterstock

| nicht hineinfahren | nicht anhalten | in einer Richtung fahren | die Straße überqueren |

1. [Bild: Fußgängerüberweg]

© Shutterstock

_____

2. [Bild: rundes Schild mit weißem Balken]

© Shutterstock

_____

3.

© Shutterstock

_____

4. [Bild: rundes Schild mit Kreuz]

© Shutterstock

_____

Reflexive pronouns • Reflexive verbs • *Selbst* and *selber* • *Einander*

A. **Reflexivpronomen.** Beantworten Sie die Fragen. Verwenden Sie die Reflexivform des Pronomens.

BEISPIEL   Waschen Sie den Jungen?   (nein, ich)   *Nein, ich wasche mich.*

1. Wäscht Paul seinen Hund?   (nein, er)

   _____

2. Wen seht ihr auf dem Bild?   (wir)

   _____

3. Soll ich das Kind auf den Stuhl setzen?   (nein, Sie)

   _____

4. Sollen wir uns umsehen?   (ja, ihr)

   _____

5. Hast du den Kuchen geschnitten?   (nein, ich)

   _____

6. Wer zieht deine Nichte an?   (sie *sing.*)

   _____

7. Hast du ihn geärgert?   (nein, ich)

   _____

8. Fürchten Sie sich vor Schlangen?   (ja, ich)

   _____

B. **Auf Deutsch!** Übersetzen Sie die Sätze.

1. Even at home he wears a tie.

   _____

2. Maria changed, but she didn't change her hairstyle (**die Frisur**).

   _____

   _____

3. I would like to take a rest.

   _____

4. Did you *(fam.)* catch a cold?

   _____

5. We're hurrying!

   _____

6. Please take a look at this book.   *(you formal)*

   _____

7. Can we afford a new car?

   _____

8. Did you write this paper **(die Arbeit)** yourself?   *(you fam.)*

   _____

9. He will think it over.

   _____

10. She can't remember my name.

   _____

11. We should take note of his face **(das Gesicht)**.

   _____

C. **Körperpflege.** Schreiben Sie die Sätze um.

BEISPIEL   Ich ziehe mich an.   (die Hose)   *Ich ziehe mir die Hose an.*

1. Ich habe schon geputzt!   (die Zähne)

   _____

2. Rasierst du dich jeden Tag?   (die Beine)

   _____

3. Warum hast du dich ausgezogen?   (die Strümpfe)

   _____

4. Schminken *(put on make-up)* Sie sich immer so?   (die Augen)

   _____

5. Ich muss mich noch kämmen, bevor ich ausgehe.   (die Haare)

   _____

6. Wir möchten uns waschen.   (die Hände)

   _____

D. **Mehr Reflexivpronomen.** Vervollständigen Sie die Sätze mit einem Reflexivpronomen im Dativ oder Akkusativ. Nicht alle Sätze sind reflexiv; nicht alle Lücken (blanks) werden gefüllt.

BEISPIELE   Wir legen _____*uns*_____ auf unser Bett.

Sie sehen _____*sich*_____ auf dem Bild.

1. Ihr habt _____ verlaufen.

2. Heute amüsiert _____ Felix.

3. Morgen langweilen wir _____.

4. Ich wasche _____ die Hände.

5. Wir haben _____ die Fenster geschlossen.

6. Hast du _____ den Arm gebrochen?

7. Die Welt dreht _____ um eine Achse (axis).

8. Ich habe es _____ nochmals überlegt!

E. **Wortschatz.** Vervollständigen Sie die Sätze.

beschließen	**eine Entscheidung treffen**
entscheiden	**sich entschließen**
sich entscheiden	**den/einen Entschluss fassen**
sich entscheiden für	

1. Ich kann _____ nicht _____, ob ich mitfahren soll oder nicht.

2. Nur der Schiedsrichter (referee) kann _____, ob das Tor gilt oder nicht.

3. Ich habe _____ eine neue Internetfirma zu gründen.

4. Sie hat _____ _____ den BMW _____.

5. Er hat _____ _____ _____ bis zu Weihnachten zehn Kilo abzunehmen.

6. Ich kann doch k_____ _____ _____, bevor ich nicht genug Auskunft habe!

F. **Auf Deutsch!** Übersetzen Sie die Sätze. Verwenden Sie das Perfekt für die Sätze in der Vergangenheit.

1. I baked this cake myself!

_____

2. The girl took off her coat by herself.

_____

3. You (formal) are buying these rings (**der Ring, -e**) for each other?

_____

4. Even computers make mistakes (**der Fehler, -**)!

_____

5. We should talk with each other.

_____

6. Even in the library they laugh so loudly.

_____

G. Wortschatz. Übersetzen Sie den folgenden Abschnitt *(paragraph)* ins Präteritum.

I was interested in music and wanted to apply for a position **(die Stelle)** in a music store **(der Musikladen)**. My mother remembered a poster for a position, and my brother inquired about it. I thanked them for the information **(die Auskunft)**. I looked forward to the interview **(das Interview)**. But the bus didn't come and I had to walk. The manager **(Geschäftsführer)** complained that I was late **(sich verspäten)**. He occupied himself with a customer **(der Kunde)** and ignored **(ignorieren)** me. I did not get the job. I got very upset **(sich aufregen)** about my bad luck **(das Pech)**. One can't always rely **(sich verlassen)** on buses!

_____

_____

_____

_____

_____

_____

_____

_____

_____

_____

Infinitives

A. Der frustrierte Bäcker. Bilden Sie Sätze.

BEISPIEL   Niklas / an·fangen / gesünder essen   (Präteritum)
Niklas fing an gesünder zu essen.

1. Niklas / haben / gestern / keine Zeit / in der Bäckerei einkaufen / gehen   (Präteritum)

   _____

2. er / versuchen / selber / ein Brot / backen   (Perfekt)

   _____

3. er / keine Lust haben / jemanden fragen   (Perfekt)

   _____

4. Niklas / vergessen / den Teig gehen lassen *(to let the dough rise)*   (Präteritum)

   _____

5. morgen / Zeit nehmen / er / in der Bäckerei / einkaufen   (Futur)

   _____

6. er / vorhaben / übermorgen / ein Kochbuch kaufen   (Präsens)

   _____

B. **Auf Deutsch!** Übersetzen Sie die Sätze.

BEISPIEL   We're hoping we can see this film.

Wir hoffen, diesen Film sehen zu können.

1. She wants her brother to sing in the concert.

_____

2. Loki tried to outsmart the other gods *(Götter)*.

_____

3. When are you going to stop smoking?

_____

4. Writing this essay took a long time.

_____

C. **Der misslungene Besuch.** Verbinden Sie die Sätze.

BEISPIEL   Ich belegte dieses Semester in Kiel einen Kurs in Kunstgeschichte *(art history)*. Ich wollte mehr über antike griechische Kunst lernen.   (um ... zu)

Ich belegte dieses Semester in Kiel einen Kurs in Kunstgeschichte, um mehr über antike griechische Kunst zu lernen.

1. Ich habe mitgemacht. Ich habe mich aber nicht angemeldet *(registered)*.   (ohne ... zu)

_____

_____

2. Der Kurs gefiel mir so sehr, dass ich jeden Abend Kunstgeschichte gelesen habe. Ich habe meine anderen Hausaufgaben nicht gemacht.   (statt ... zu)

_____

_____

3. In den Ferien bin ich sogar nach München gefahren. Ich wollte mir die Glyptothek *(name of museum of ancient Greek art)* an·sehen.   (um ... zu)

_____

_____

4. Meine Eltern fuhren in den Ferien nach Kiel. Sie wollten mich an der Uni besuchen.   (um ... zu)

_____

_____

5. Sie kamen am zweiten Tag der Ferien an. Sie riefen mich vorher nicht an.   (ohne ... zu)

_____

_____

6. Sie sind die ganze Strecke *(the entire way)* gefahren. Sie haben nur eine leere *(empty)* Wohnung vorgefunden.   (um ... zu)

_____

_____

D. Anders gesagt. Schreiben Sie die Sätze um.

BEISPIEL   Wir sprechen jeden Tag während des Unterrichts.   (sie *sing.* / hören: Präsens)
Sie hört uns jeden Tag während des Unterrichts sprechen.

1. Das Kind weinte sehr laut.   (ich / hören: Präteritum)

   _____

2. Die junge Frau hat die Tauben *(pigeons)* gefüttert.   (die Bürgermeisterin = *mayor (female)* / sehen: Präteritum)

   _____

3. Andreas repariert sein Auto.   (lassen: Präsens)

   _____

4. Die Temperatur im Zimmer stieg.   (die diskutierenden Leute / spüren: Präteritum)

   _____

5. Er spielt jeden Abend Klavier.   (sie *sing.* / hören: Präsens)

   _____

6. Sie steigt allein ins Flugzeug ein.   (er / sehen: Präteritum)

   _____

7. Sie entkam dem Krieg.   (er / helfen: Präteritum)

   _____

E.   Der Augenzeuge. Übersetzen Sie die Sätze.

BEISPIELE   I saw you smoking (**rauchen**) yesterday!   (Präteritum + Infinitiv)
Ich sah dich gestern rauchen!

I heard you laughing!   (Präteritum + Nebensatz im Perfekt)
Ich hörte, wie du gelacht hast!

1. She felt the water rise (**steigen**).   (Präteritum + Infinitiv)

   _____

2. We hear children singing.   (Präsens + Infinitiv)

   _____

3. He saw the plane take off (**ab·heben**).   (Präteritum + Nebensatz im Präteritum)

   _____

4. Do you *(formal)* see the trains arrive?   (Präsens + Nebensatz im Präsens)

   _____

5. Paul watched as his team won the soccer game.   (Präteritum + Nebensatz im Präteritum)

   _____

F. Beim Friseur. Schreiben Sie die Sätze ins Perfekt um, ohne das Partizip zu bilden.

Ich lasse mir die Haare färben.   Anna hat gesehen, wie ich die Farbe auswählte.

Ich habe mir die Haare färben lassen.   *Anna hat mich die Farbe auswählen sehen.*

1. Siehst du diese Änderung nicht kommen?

   _____

2. Viele junge Leute ließen sich die Haare färben. Ich ließ mich auch dazu überreden.

   _____

3. Ich war an dem Tag sehr müde, weil mein Freund mich am Abend zuvor auf ihn warten ließ.

   _____

   _____

4. Der Friseur hat gehört, wie ich schnarchte *(snored)*.

   _____

G. Der Besuch. Schreiben Sie die Sätze ins Futur um.

BEISPIEL   Meine Freundin kommt mich besuchen.

            Meine Freundin wird mich besuchen kommen.

1. Ich höre sie auf dem Bahnhof meinen Namen rufen.

   _____

2. Sie glaubt, dass sie schreien muss.

   _____

3. Dann sieht sie mich endlich am Taxistand warten.

   _____

4. Dann höre ich sie die Geschichte von ihrer Reise erzählen, und die Leute hören uns reden und lachen.

   _____

   _____

H. Wortschatz. Setzen Sie die richtige Form des passenden Verbs ein.

BEISPIEL   Stefanie ist für eine halbe Stunde _____*weggegangen*_____. (verlassen / weg·gehen)

1. _____ Sie mich nicht! (lassen / verlassen)

2. Ich habe meinen Geldbeutel im Restaurant _____. (lassen / verlassen)

3. Man soll seinen Hund nicht allein im Auto _____. (lassen / verlassen)

4. Die Studenten sind vom Internetcafé _____. (verlassen / weg·gehen)

5. Die Studenten haben das Internetcafé _____. (verlassen / weg·gehen)

6. Die Studenten haben ihre Taschen in dem Internetcafé _____. (lassen / verlassen)

7. Sie wollte mit ihm _____. (verlassen / weg·gehen)

8. Zum Schluss hat sie ihn doch _____. (verlassen / lassen)

Passive voice

A. **Mein Zimmer aufräumen?!?** Übersetzen Sie die Sätze. Dann schreiben Sie, welche Funktion von **werden** benutzt wird: *main verb, future tense* oder *passive voice*.

BEISPIEL   Bis morgen werde ich mein Zimmer aufräumen.
I will clean my room by tomorrow. (future tense)

1. Mein Zimmer wird immer schmutziger.

_____

2. Letzte Woche wurde mir gesagt, dass das Zimmer ekelhaft *(disgusting)* sei.

_____

3. Vielleicht werde ich Putzfrau von Beruf!

_____

4. Meine ganze Wohnung sollte eigentlich *(actually)* geputzt werden.

_____

5. Vielleicht wird das von kleinen Feen *(fairies)* in der Nacht gemacht!

_____

B. **Ins Passiv.** Bilden Sie Sätze im Passiv.

BEISPIEL   Die Stadt repariert diese Brücke.
Diese Brücke wird repariert. [oder] Diese Brücke wird von der Stadt repariert.

1. Man vergisst solche Taten *(deeds)* nicht.

_____

2. Das Feuer zerstörte das Haus.

_____

3. Leute fragen mich oft, warum ich grüne Haare habe.

_____

4. Jemand hat dich gestern auf der Polizeistation gesehen.

_____

5. Man hat die Passagiere gebeten nicht zu rauchen.

_____

6. Jemand hat diese Lösung *(solution)* für das Problem schon vor Jahren vorgeschlagen *(suggested)*.

_____

7. Nach jedem Fest lädt man die neuen Fotos hoch.

_____

8. Jemand beantwortet die E-Mails für die Pop-Stars so schnell wie möglich.

_____

C. *Von wem, wodurch* oder *womit?* Schreiben Sie die Sätze um. Benutzen Sie die *agents* in Klammern und wählen Sie die passende Präposition.

BEISPIEL   Sobald ich die Stadt verließ, wurde ich vergessen.   (meine Freunde)
Sobald ich die Stadt verließ, wurde ich von meinen Freunden vergessen.

1. Die Suppe sollte alle zehn Minuten gerührt werden.   (der Löffel)

_____

2. Die Stadt wurde wieder aufgebaut.   (schwere gemeinsame Arbeit)

_____

3. Diese Fotos wurden auf dem Fest gemacht.   (Max; sein Handy)

_____

4. Dieses Rennen *(race)* wird gewonnen.   (die Ausdauer = *perseverance*)

_____

5. Die Frau ist ermordet *(murdered)* worden.   (ein Unbekannter; ein Messer)

_____

6. Unsere Schwierigkeiten wurden verursacht *(caused)*.   (die Epidemie)

_____

7. „Buddenbrooks" wurde 1901 geschrieben.   (Thomas Mann)

_____

D. **Anders gesagt.** Drücken Sie die Sätze mit anderen Konstruktionen aus.

BEISPIEL   In einem Restaurant wird gegessen.   (man)
In einem Restaurant isst man.

1. Dieser Aufsatz muss bis morgen eingereicht *(handed in)* werden.   (**sein** + **zu** + Infinitiv)

_____

2. Wie wird Ihr Name geschrieben?   *(reflexive verb)*

_____

3. Kann das Auto repariert werden?   (sich lassen)

_____

4. Ihre Facebookseite wird leicht gefunden.   *(reflexive verb)*

_____

5. Wie wird dieses Wort ausgesprochen?   (man)

_____

6. Der Unfall *(accident)* konnte nicht verhindert *(prevented)* werden.   (**sein** + **zu** + Infinitiv)

_____

E. Das sollte gemacht werden. Schreiben Sie die Sätze mit einem Modalverb ins Passiv um.

BEISPIEL   Viele besuchen die Ausstellung in der Kunsthalle.   (sollen: Konjunktiv II)
             Die Ausstellung sollte von vielen besucht werden.

1. Eine Flut *(flood)* überschwemmt *(floods)* die Stadt.   (können: Konjunktiv II)

_____

2. Wir besuchen Mutti morgen im Krankenhaus.   (dürfen: Präsens)

_____

3. Er erzählte die wahre Geschichte zuerst.   (müssen: Präteritum)

_____

4. Wir waschen uns die Hände vor dem Essen.   (sollen: Präteritum)

_____

5. Der Fremde fotografierte euch vor dem Rathaus.   (wollen: Präteritum)

_____

6. Das Fernsehpublikum wählt den Sieger von „Deutschland sucht den Superstar" während der Sendung.
   (müssen: Präsens)

_____

F. Auf Deutsch! Übersetzen Sie die Sätze.

1. My apartment is being painted, but his is already painted (**gestrichen**).

_____

2. Will the house be renovated by (**renoviert bis**) next month?

_____

3. By which construction company (**das Baugeschäft**) is it being renovated?

_____

4. There was lots of celebrating (**feiern**) yesterday.   (Passiv: kein Subjekt)

_____

5. There was a lot of discussing until late at night.   (Passiv: **es**)

_____

6. No taking pictures (**fotografieren**) in this building.

_____

G. **Nochmal Passiv.** Schreiben Sie die Sätze um. Verwenden Sie entweder Akkusativ- oder Dativobjekte als Element I. Achten Sie gut auf die Zeitform des Verbs auf.

BEISPIEL   Jemand stiftete *(donated)* der Uni viel Geld.   (Dativ)
               Der Uni wurde viel Geld gestiftet.

1. Seine Eltern schenken dem Absolventen eine Uhr.   (Akkusativ)

_____

2. Alle Verwandten gratulierten dem jungen Mann.   (Dativ)

_____

3. Man hörte dem Lehrer kaum zu.   (Dativ)

_____

4. Wir helfen den Armen nicht genug.   (Dativ)

_____

5. Meine Professorin hatte mir die Frage schon beantwortet.   (Akkusativ)

_____

H. **Wortschatz: Das Verb *schaffen*.** Vervollständigen Sie die Sätze mit der passenden Form des Verbs **schaffen**.

1. Trotz der Hitze haben wir es _____ .

2. Dieses Haus ist für uns wie _____ .

3. Wie viele Jahre hat sie in der Fabrik _____?

4. Der Künstler hat in seinem Leben über 1000 Gemälde _____ .

5. Irgendwie _____ sie Ruhe im Klassenzimmer.   (Präteritum)

6. Der Bäcker _____ die Brötchen in den LKW.   (Präteritum)

Adjectives

A. Ein Adjektiv, viele Endungen. Ergänzen Sie die fehlenden Adjektivendungen. Achten Sie auf die Artikel und die Fälle.

1. Du hast aber ein schön_____ Haus.

2. Ich möchte auch in so einem schön_____ Haus wohnen.

3. War dieses schön_____ Haus denn teuer?

4. Schön_____ Häuser sind immer teuer.

5. Mein schön_____ Haus hat mich meine halb_____ Erbschaft *(inheritance)* gekostet.

6. Aber das schön_____ Haus da drüben ist nicht halb so teuer.

7. Dafür ist es aber auch lange nicht so schön_____ wie mein Haus.

B. Die richtige Endung. Setzen Sie die richtigen Endungen ein.

1. Der freundlich_____ Mann grüßt die nett_____ Frau.

2. Welchen neu _____ Tablet-PC *(m.)* kauft sich die jung_____ Studentin?

3. Mit diesem kaputt_____ Wagen wollt ihr durch das ganz_____ Land fahren?

4. Das riesig_____ *(huge)* Haus gehört jener alt_____ Dame?

5. Jede gut_____ Person hilft solchen krank_____ Menschen.

6. Diese laut_____ Kinder stören jene müd_____ Patienten.

7. Aus welchem fern_____ *(distant)* Ort kommt mancher reich_____ Prinz?

8. Außerhalb des ruhig_____ Dorfes fährt der Junge mit diesem alt_____ Fahrrad.

9. Innerhalb der groß_____ Stadt läuft man wegen der eng_____ Straßen.

10. Während des heiß_____ Sommers schwimmen wir oft.

C. **Münchhausen im Schnee.** Setzen Sie die Adjektive mit den richtigen Endungen ein.

~~abenteuerlich~~ *(adventurous)*	**dünn**	~~lang~~	**nördlich** *(northern)*
begeistert *(enthusiastic)*	**erschrocken** *(frightened)*	**lang**	**tief** *(deep)*
bitter *(bitterly cold)*	**erstaunt** *(amazed)*	**nass** *(net)*	
dunkel *(dark)*	**kalt**	**nervös**	
dünn *(thin)*	**klein**	**nett**	

BEISPIEL Der _____*abenteuerliche*_____ Herr Münchhausen wollte eine _____*lange*_____ Reise nach Russland machen.

1. Er wollte mitten im Winter reisen, um nicht in dem _____ Matsch *(mud)* stecken zu bleiben *(to get stuck)*.

2. Das _____ Wetter in diesen _____ Gebieten hat er aber vergessen.

3. Mit der _____ Jacke, die er mitgebracht hatte, war es ihm zu kalt.

4. Er musste wegen des _____ Wetters in einem Feld außerhalb des _____ Waldes anhalten. Das Feld war mit Schnee bedeckt *(covered)*.

5. Er band *(tied)* sein _____ Ross *(steed)* an einer Baumspitze fest und schlief neben dem Pferd ein.

6. Während der _____ Nacht wurde es wärmer und der _____ Schnee schmolz *(melted)*, bis das _____ Dorf, das zugeschneit *(snowed over)* war, wieder erschien.

7. Als er aufwachte, hörte er das _____ Pferd wiehern *(whinny)*. Die Baumspitze, an der es festgebunden war, war keine Baumspitze, sondern ein Kirchturm *(church tower)*!

8. Die _____ Einwohner sahen zu, als Münchhausen die _____ Leine *(rope)* entzweischoss *(shot in two)*.

9. Er dankte den _____ Leuten für den _____ Beifall *(applause)*. Die beiden reisten dann weiter.

D. **Die Erkältung.** Setzen Sie die Adjektive in Klammern mit den richtigen Endungen ein.

BEISPIEL Mein _____*kleiner*_____ Bruder ging nach Hause. *(little)*

1. Sein _____ Freund Max musste auch nach Hause. *(best)*

2. Sie hatten beide eine _____ Erkältung. *(here: bad = stark)*

3. Für uns war das keine _____ Überraschung. *(big)*

4. Sie hatten am Wochenende draußen im Schnee hinter unserem _____ Haus gespielt. *(small)*

5. Natürlich hatten sie ihre _____ Mäntel vergessen. *(warm)*

6. Unsere _____ Schwester brachte ihnen ihre Mäntel, aber da war es schon zu spät. *(big)*

7. Ihre _____ Hemden waren schon ganz nass vom Schweiß *(sweat)*. *(thin)*

8. Als sie dann wieder ins Haus kamen, wollten sie auch kein _____ Essen.   *(warm)*

9. Sie liefen sofort zum Fernseher, um ihre _____ Lieblingssendung zu schauen.   *(new)*

10. Das haben wir alles unserer Mutter erzählt, aber Max hat seiner _____ Mutter nichts gesagt.   *(poor)*

11. So war es für sie schon eine Überraschung, als er mit einer _____ Erkältung nach Hause kam.   *(bad)*

E.   Münchhausen auf der Jagd. Setzen Sie die richtigen Endungen ein.

1. In Russland kaufte sich Münchhausen einen klein_____ Schlitten *(sled)*.

2. In einem endlos_____ dunkl_____ Wald wurde sein arm_____ Pferd *(n.)* unruhig *(restless)*.

3. Ein groß_____ Wolf *(m.)* war hinter ihm.

4. Da er keine Zeit zum Überlegen hatte, konnte Münchhausen sein tapfer_____ *(valiant)* Pferd nicht retten *(save)*, und es wurde von dem Wolf gefressen.

5. Die Leute in Sankt Petersburg sahen zum ersten Mal einen schnell_____ Schlitten, der von einem

   groß_____ bös_____ Wolf gezogen wurde.

6. Während einer kurz_____ Jagd *(f., hunt)* sah Münchhausen einige wild_____ Enten *(ducks)* an

   einem schön_____ ruhig_____ See.

7. Er wollte eine fett_____ Ente fangen *(catch)* und hatte eine gut_____ Idee. Er wollte sie mit einer

   lang_____ Schnur *(f., string)* fangen.

8. Er band ein klein_____ Stück *(n.)* Schinken an die Schnur und wartete. Als er die Ente gefangen hatte,

   kochte er ein lecker_____ Mittagessen.

F.   Noch mehr Endungen. Setzen Sie die richtigen Endungen ein.

BEISPIEL   Dieser Bursche hat besonders schön *e*_____ Augen.

1. Wirklich weis_____ Menschen sind selten.

2. Ich esse sehr gern frisch_____ Fisch *(m.)*.

3. Bei kalt_____ Wetter soll man heiß_____ Schokolade trinken.

4. Warm_____ Bier schmeckt nicht.

5. Der Geruch *(smell)* roh_____ Fleisches *(n.)* macht ihn krank.

6. Heiß_____ Kaffee macht munter.

7. Ich habe kein Vertrauen zu *(dat.)* klug_____ Politikern.

8. Möchten Sie meine Sammlung alt_____ Bücher sehen?

9. Lehrer schreiben oft mit rot_____ Tinte.

G. **Weitere Abenteuer!** Schreiben Sie die Sätze mit den richtigen Adjektivendungen.

BEISPIEL   Münchhausen begegnete einem Hirsch *(buck)* (**stattlich-** = *imposing*).
Münchhausen begegnete einem stattlichen Hirsch.

1. Er hatte keine Kugeln *(bullets)* (**normal-**), aber sein Kopf war voll Ideen (**gut-**)!

_____

_____

2. Er schoss den Hirsch (**mutig-** = *courageous*) mit einem Kirschkern *(cherry pit)* (**trocken-, hart-**), aber der Hirsch (**stark-**) lief davon.

_____

_____

3. Jahre später sah Münchhausen einen Hirsch (**prächtig-** = *magnificent*).

_____

4. Der Hirsch (**schön-**) hatte einen Kirschbaum (**voll-**) in seinem Geweih *(n., sing.; antlers)* (**groß-**).

_____

_____

5. Am Tag (**nächst-**) jagte Münchhausen einen Hasen (**blitzschnell-**) mit Beinen (**lang-**).

_____

6. Ein Hund (**treu-**) half dem Jäger (**deutsch-**) den Hasen (**achtbeinig-**) zu fangen.

_____

7. Der Baron aß Hasenfleisch (**gebraten-**) und Bohnen (**grün-**) zum Abendessen.

_____

_____

8. In der Woche (**nächst-**) traf der Mann (**kühn-** = *audacious*) einen Hund (**toll-** = *here: crazy, rabid*), der Zähne (**scharf-**) hatte, in einer Gasse *(alley)* (**Petersburg-**).

_____

_____

9. Um dem Hund (**verrückt-**) zu entkommen *(escape)*, warf der Münchhausen (**ängstlich-**) seinen Mantel (**groß-**) auf die Straße (**dreckig-** = *dirty*).

_____

_____

10. Und so wurde der Mantel (**schön-**) der Mantel (**erst-**), der Hundetollwut *(rabies)* bekam, und er fraß die Kleider (**meist-**) in Münchhausens Kleiderschrank.

_____

_____

_____

H. Auf Deutsch! Übersetzen Sie die Sätze.

1. The politician was proud of his many good ideas.

    _____

2. This lilac shirt (**das Hemd**) has a great collar (**der Kragen**).

    _____

3. I'm very excited about our new apartment.

    _____

4. Students travel through all of Europe.

    _____

5. We'll arrive at the Hamburg train station in a half hour.

    _____

6. I have seen all of the United States (**die Vereinigten Staaten**, *pl.*).

    _____

7. My friend is angry at her older brother.

    _____

8. The tired soccer players want to drink good, cold German beer now.

    _____

I. Wer war Münchhausen? Setzen Sie die fehlenden Endungen ein.

1. Unterwegs nach Ägypten traf Münchhausen einig_____ interessant_____ Typen (*characters*) und

    nahm all_____ die nützlich_____ (*useful*) Menschen mit.

2. All_____ toll_____ (*here: fantastic*) Geschichten von Münchhausen erzählen von sein_____

    viel_____ unglaublich_____ Abenteuern (*adventures*).

3. Trotz sein_____ kurz_____ Schulzeit hatte er viel_____ gut_____ Ideen.

4. Das wenig_____ Geld, das er hatte, war genug, weil er viel_____ reich_____ Freunde hatte.

5. Er hatte nur wenig_____ Mühe (*f., difficulty*), mehrer_____ schön_____ Frauen zu
    beindrucken.

    Mit ander_____ Worten: er war ein Schürzenjäger (*lady's man*)!

6. Die viel_____ neidisch_____ (*jealous*) Männer dieser Frauen mochten ihn gar nicht!

    Mit viel_____ Ärger haben sie ihre Frauen von ihm zurückgewonnen.

7. Er erlebte (*experienced*) nur ganz wenig_____ schlimm_____ Niederlagen (*defeats*), oder vielleicht

    hören wir nur von sein_____ viel_____ abenteuerlich_____ Erfolgen!

Adverbs

A. **Auf Deutsch!** Drücken Sie die Sätze auf Deutsch aus.

1. Max e-mails me often.

   _____

2. The train never arrives from the right.

   _____

3. I hardly study (**lernen**) for this course.

   _____

4. On this web page, the ads (**Anzeigen**) always come to the front.

   _____

5. Now and then, Paul sends me pictures.

   _____

6. The children are playing over there.

   _____

7. We carried the sofa out of the room.

   _____

8. They ran so fast that they could barely speak.

   _____

9. Did he say "come in!" or "go out!"?

   _____

10. The cat asked Alice where she came from and where she was going.

   _____

B. Anders gesagt. Schreiben Sie die Sätze mit Adverbien um.

BEISPIEL   Es ist **erstaunlich,** dass er erst jetzt kommt.
            Erstaunlicherweise kommt er erst jetzt.

1. Sie trafen sich in **Paaren.**

   _____

2. Wir haben **Glück** gehabt, dass wir den Zug nicht verpasst haben.

   _____

3. Es ist **möglich,** dass sie schon morgen früh ankommt.

   _____

4. Es tut mir **Leid.** Mein Freund ist nicht hier.

   _____

5. Sie ist eine **ausgezeichnete** Schachspielerin. (*use* **spielen**)

   _____

6. Er hat zum **Teil** Recht.

   _____

7. Es war schon eine **Überraschung,** dass die Demonstrationen friedlich abliefen.

   _____

8. Am **Ende** kamen wir in Magdeburg an.

   _____

C. Wann? Wie? Wo? Setzen Sie die fehlenden Adverbien ein und bringen Sie die Satzteile in die richtige Reihenfolge (*order*). Beginnen Sie jeden Satz mit dem fett gedruckten Satzteil.

BEISPIEL   **Sie kam** an.   (*yesterday / at the train station / at eight* PM)
            Sie kam gestern um zwanzig Uhr am Bahnhof an.

1. Wir liefen.   (*quickly / into the city /* **after the lecture**)

   _____

2. Oma trifft sich.   (**am liebsten** / *at four / afternoons / with her friend [f.]*)

   _____

3. Er schnarcht (*snores*).   (*loudly /* **in the evening** / *in front of the television*)

   _____

4. Maria baute die Webseite auf.   (*last week / piece by piece /* **slowly**)

   _____

5. Luca konnte hören.   (*yesterday evening / hardly /* **unfortunately**)

   _____

6. Paulina arbeitet. *(at her desk / **this summer** / diligently / every day)*

_____

7. **Florian** zieht sich um. *(in the corner / quickly / now)*

_____

8. Wir rufen Sie an. *(**tomorrow** / in the office / at three / with our questions)*

_____

D. Der fleißige Jan. Setzen Sie in jeden Satz das passende Adverb ein.

BEISPIEL Jan kommt nie mit uns mit; _____*dennoch*_____ lade ich ihn jede Woche ein.
(stattdessen, dennoch)

1. Er hat keine Zeit und kann _____ nicht mitkommen. (dennoch, deshalb)

2. _____ hat er den Film schon gesehen. (trotzdem, außerdem)

3. Ich habe den Film auch schon gesehen und _____ komme ich heute Abend mit.
(trotzdem, daher)

4. Der Film hat mir gut gefallen; _____ will ich ihn mir ein zweites Mal ansehen.
(dennoch, deswegen)

5. Jan will _____ zu Hause bleiben und lernen. (stattdessen, darum)

6. _____ hat er bessere Noten als ich! (trotzdem, daher)

E. In der Wohngemeinschaft. Setzen Sie in jeden Satz das passende Wort ein.

BEISPIEL _____*Zuerst*_____ muss ich das Fest mit meinen Mitbewohnern *(housemates)*
besprechen. (vor kurzem, zuerst)

1. _____ sollten wir lieber noch nichts kaufen. (vorher, damals)

2. Sie sind leicht beleidigt und _____ warten wir lieber mit den großen Plänen.
(dennoch, deswegen)

3. Wir können uns _____ schon mal überlegen, wen wir einladen.
(damals, dennoch)

4. _____ haben wir uns gut verstanden *(got along)*, aber

_____ habe ich die Küche nicht geputzt und _____

sind sie jetzt böse auf mich. (anfangs, darum) / (bis dahin, neulich) / (einst, deshalb)

5. _____ habe ich _____ vergessen, die Miete *(rent)* zu
bezahlen. (zunächst, außerdem) / (noch, daher)

6. _____ haben sie mich auch verklagt *(brought charges against)*, aber wir sollten

das Fest am Freitag _____ feiern. (inzwischen, dennoch) / (stattdessen,
trotzdem)

F. **Die Mauer.** Beginnen Sie die Sätze mit dem fett gedruckten Satzteil.

BEISPIEL   Die Mauer ist **am 9. November** friedlich gefallen.
                  Am 9. November ist die Mauer friedlich gefallen.

1. Die Leute tanzten **an diesem berühmten Abend** fröhlich auf der Mauer.

   _____

2. Die Menschen sprachen einander **in den Tagen danach** in den Straßen spontan an.

   _____

3. Man sah die Bilder der Demonstrationen **monatelang** im Fernsehen.

   _____

4. Es war **möglicherweise** eines der wichtigsten Ereignisse des 20. Jahrhunderts.

   _____

15

Comparative and superlative

A. Immer besser. Bilden Sie Sätze mit dem Komparativ.

BEISPIEL   Diese Nachbarschaft ist laut.   *(my dorm)*
             Mein Wohnheim ist noch lauter.

1. Meine Freundin schreibt oft.   *(your [sing. fam.] parents)*

   _____

2. Dirk kann gut schwimmen.   *(Martin)*

   _____

3. Der Winter in Karlsruhe ist kalt.   *(in Kiel)*

   _____

4. Mein Blutdruck *(blood pressure)* ist hoch.   *(you [sing. fam.])*

   _____

5. Die Preise sind hier so günstig *(affordable)*.   *(in the city)*

   _____

6. Nico isst Leberkäse *(a southern German specialty)* gern.   *(Lisa)*

   _____

7. Diesen iPod finde ich schön.   *(this one here)*

   _____

8. Der Stuhl kostet viel.   *(the easy chair)*

   _____

9. Ihr Rock ist kurz.   *(my skirt)*

   _____

10. Die Mittagspause kann schon langweilig sein.   *(work)*

    _____

B. Unterwegs in Europa. Beantworten Sie die Fragen mit dem Komparativ.

BEISPIEL Wart ihr nur kurze Zeit in Europa? *(longer period of time)*
Nein, wir waren längere Zeit in Europa.

1. Habt ihr alles gesehen, was ihr sehen wolltet? *(to need* [im Präteritum] */ more time)*

   _____

2. Was empfehlt ihr meiner Kusine, die auch eine Europareise plant? *(more quiet =* **die Ruhe** */ less traveling =*
   das Herumreisen*)*

   _____

3. Was für Kleidung sollte man zu dieser Jahreszeit mitnehmen? *(warmer clothes)*

   _____

4. Wie viel soll man einpacken? *(the less, the better)*

   _____

5. Welche Städte gefielen euch am besten? *(the more beautiful cities)*

   _____

6. Mit wem seid ihr gereist? *(our older children)*

   _____

7. Mit welchem Zug seid ihr gefahren? *(the faster train)*

   _____

8. Was macht ihr nächstes Jahr? *(to plan / a longer vacation)*

   _____

C. Auf Deutsch! Übersetzen Sie die Sätze.

1. Do they have as much homework as we do?

   _____

2. Hanna had less homework last night than we did.

   _____

3. This course (**der Kurs**) is getting more and more difficult.

   _____

4. Last semester (**das Semester**) it was just as hard as now.

   _____

5. Was the professor (*m.*) as demanding (**anspruchsvoll**) as Professor Frank?

   _____

6. Yes, but he was not quite as unfriendly as Professor Frank.

   _____

D. **Fragen.** Beantworten Sie die Fragen mit ganzen Sätzen.

BEISPIEL Wie viele Stunden am Tag sollte man fernsehen? *(the fewer, the better)*
Je weniger Stunden man fernsieht, desto besser.

1. Wie findet er die Landschaft *(landscape)* hier an der Elbe? *(prettier than he thought* [im Präteritum]*)*

   _____

2. Was für Gerichte *(dishes)* schmecken Ihnen? *(the spicier* [**scharf**]*, the better it tastes)*

   _____

3. Kann Jörg rudern *(row)*? *(better than Florian)*

   _____

4. Macht er Fortschritte *(progress)*? *(rows faster and faster)*

   _____

5. Wie gefällt dir mein Blog? *(The more I read it, the more I like it.)*

   _____

6. Wie viele Leute kommen auf die Party? *(the more, the better)*

   _____

7. Hast du Angst vor der Prüfung? *(The more I study, the less fear I have.)*

   _____

8. Gefällt ihr die Sendung? *(likes it less and less)*

   _____

E. **Alles Superlativ!** Schreiben Sie die folgenden Aussagen mit den Superlativformen um. Denken Sie dabei an die Artikel dafür!

BEISPIEL Du erzählst witzige Geschichten.
Du erzählst die witzigsten Geschichten!

1. Große Fische findet man in der See.

   _____

2. Für den Winter kaufte er sich einen warmen Mantel.

   _____

3. Montag war ein heißer Tag.

   _____

4. Auf dem Land sind die Nächte dunkel.

   _____

5. Susanne hat spannende Nachrichten!

_____

6. Leon hat gut gespielt.

_____

7. In der Schweiz sieht man schöne Berge.

_____

8. Sie trägt eine teure Armbanduhr.

_____

9. Wer von den Frauen im Café hat viele Freunde?

_____

10. Der Typ in der Ecke ist wohl interessant.

_____

11. Der Coach setzt seine vielversprechenden Spieler ein.

_____

F. **Auf Deutsch!** Übersetzen Sie die Sätze.

1. He has the most beautiful eyes of all.

_____

2. Do most Germans speak English?

_____

3. Who can sing the loudest?

_____

4. They find the politician's _(f.)_ answers highly questionable (**fragwürdig**).

_____

5. She drives fastest on the highway (**die Autobahn**) and slowest in the city.

_____

6. Do you _(formal)_ see the somewhat older gentleman on the corner?

_____

7. Most of all he likes to go for a walk on the beach (**am Strand**).

_____

8. Marianne can throw the ball the farthest.

_____

G. Wortschatz. Vervollständigen Sie die Sätze mit dem passenden Wort aus der Liste.

Güte	**Höhen**	**Nähe**	**Tiefe**
Härte	**Kürze**	**Schwäche**	**Wärme**

1. Sie zeigte uns ihre _____, indem sie unsere Entschuldigung annahm (accept).

2. Ich wohne ganz in der _____ von der Arbeit und kann also zu Fuß gehen.

3. Die _____ hier im Süden tut mir sehr gut.

4. Er hat trotz seiner _____ gewonnen.

5. Die _____ von diesem See ist erstaunlich.

6. Ich habe Angst vor _____, deshalb bleibe ich lieber hier unten.

Adjectival nouns • Participial modifiers

A. **Wer? Wen? Wem?** Beantworten Sie die Fragen mit Adjektivsubstantiven. Antworten Sie zweimal:
   a. mit bestimmten Artikel und **b. mit unbestimmtem Artikel.** Beachten Sie die Präpositionen.

BEISPIEL   An wen sollte er seine Fragen stellen?   (fremd, *f.*)
             a. *An die Fremde.*   b. *An eine Fremde.*

1. Wem möchten Sie helfen?   (arbeitslos, *m.*)

   a. _____   b. _____

2. Wer hat Ihnen dieses Formular gegeben?   (angestellt, *m.*)

   a. _____   b. _____

3. Wer spielte mit im Theaterstück?   (blind, *f.*)

   a. _____   b. _____

4. Mit wem hat sie gesprochen?   (erwachsen, *m.*)

   a. _____   b. _____

5. Von wem erzählte sie?   (reisend, *f.*)

   a. _____   b. _____

6. Wessen Haus ist das?   (verwandt, *pl.*) (Verwenden Sie **mein-** für Teil b.)

   a. Das ist das Haus _____ .

   b. Das ist das Haus _____ .

7. Wem verdankt er sein Essen?   (verwandt, *pl.*) (Verwenden Sie **sein-** für Teil b.)

   a. _____   b. _____

B. Auf Deutsch! Übersetzen Sie die Sätze. Wenn möglich, verwenden Sie Adjektivsubstantive.

1. Few grown-ups come to (**zu**) these parties.

   _____

2. We're helping strangers.

   _____

3. Did you (*formal*) see the German woman?

   _____

4. My fiancé (*m.*) is leaving me (**verlassen**) for (*here:* **wegen**) another woman.

   _____

C. Anders gesagt. Schreiben Sie die Sätze um, indem Sie Adjektivsubstantive verwenden.

BEISPIEL   Lili will nur die besten Sachen im Leben haben.
            Lili will nur das Beste im Leben haben.

1. Mephisto will böse Taten (*deeds*) tun, aber er schafft (*here: to bring about*) immer gute Sachen.

   _____

2. Heute hat Tim schlechte Nachrichten gehört.   (etwas)

   _____

3. Die Studenten haben besondere Dinge heute Abend vor.   (etwas)

   _____

4. Nun haben wir schon alles gelesen, was an diesem Kurs interessant ist.

   _____

5. Nach einer Reise hat man immer viele neue Geschichten zu erzählen.

   _____

6. In der Zeitung hat es nur wenige wichtige Berichte gegeben.

   _____

7. Julia brachte ein leckeres Gericht (*dish*) zum Fest.   (etwas)

   _____

8. Er will nichts auf seinem Blog schreiben, was falsch ist.

   _____

9. Die Politik ist etwas, was ihn verwirrt.

   _____

D. **Der Alltag.** Schreiben Sie die Sätze mit Partizipialkonstruktionen um.

BEISPIEL Zum Frühstück esse ich Eier. (kochen)
Zum Frühstück esse ich gekochte Eier.

1. Dann ziehe ich mir ein Hemd an. (bügeln)

   _____

2. Dann füttere ich meinen Hund. (verwöhnen)

   _____

3. Dann fahre ich mit meinem Fahrrad an die Uni. (reparieren)

   _____

4. Dem Professor gebe ich meine Hausaufgaben. (fertig schreiben)

   _____

5. Zu Mittag esse ich mein Brot. (einpacken)

   _____

6. Am Abend esse ich ein Gericht *(dish)*. (selbst machen)

   _____

7. Danach sammele ich meine Wäsche ein. (herumliegen)

   _____

8. Endlich falle ich in mein Bett. (frisch beziehen = *change sheets*)

   _____

E. **Literarisches.** Verbinden Sie die Sätze, indem Sie erweiterte Partizipialkonstruktionen verwenden.

BEISPIEL Der blinde Professor kann die Texte schneller verstehen, wenn sein Assistent sie vorliest.
Der blinde Professor kann die von seinem Assistenten vorgelesenen Texte schneller verstehen.

1. Edgar Wibeau genoss *(enjoyed)* das Buch. Goethe hat das Buch vor 200 Jahren geschrieben.

   _____

   _____

2. Tristan verliebte sich in Isolde. Isolde war mit seinem König Marke verlobt.

   _____

   _____

3. Wir ehren *(honor)* den Dichter Thomas Mann auf diesem Fest. Er wurde 1875 in Lübeck geboren und emigrierte 1933 in die Schweiz.

   _____

   _____

F. Diesmal auf Englisch! Übersetzen Sie die Sätze.

1. „Die meisten der durch das Buch geknüpften *(here: made)* Kontakte werden diese Arbeit sicherlich *(surely)* überleben *(survive)*." [Quelle: Alice Schwarzer: „Der kleine Unterschied"]

   _____

   _____

2. „Der Hut hing ihr an seinen zusammengeknüpften Bändern *(knotted strings)* über dem einen Arm." [Quelle: Thomas Mann: „Tonio Kröger"]

   _____

   _____

3. „[…] die große von gefärbtem Glas gearbeitete Rose *(rose window)* in der Kirche […] glühte *(glowed)*, […]" [Quelle: Heinrich von Kleist: „Das Erdbeben in Chili"]

   _____

   _____

4. „Aber am Tag spielte sie auf dem Tisch, auf den die Frau einen mit Wasser gefüllten und mit Blumen bekränzten *(garnished)* Teller gestellt hatte." [Quelle: Hans Christian Andersen: „Däumelinchen"]

   _____

   _____

G. Wortschatz. Setzen Sie die richtige Form des passenden Verbs aus der Liste ein. Nicht alle Verben passen und manchmal passt auch mehr als ein Verb aus der Liste.

entdecken	fest·stellen	lernen
erfahren	heraus·finden	

1. Wir haben aus den Nachrichten von dem Brand _____.

2. Man hat zuerst gedacht, dass das Haus leer war, aber leider hat die Feuerwehr im Haus zwei Tote

   _____.

3. Man _____, dass das Haus angezündet worden war.   (Präteritum)

4. Die Polizei muss aber noch _____, wer es getan hat.

17

Personal, indefinite, and demonstrative pronouns

A. **Im Restaurant.** Setzen Sie das passende Personalpronomen ein.

BEISPIEL   Gehen wir zum Restaurant an der Ecke. Wie heißt _____*es*_____ nochmal?

1. Ich glaube, _____ heißt „Zum Goldenen Lamm".

2. Ja, das stimmt! Anna hat mal dort gearbeitet. Ist _____ noch da?

3. Nein, _____ arbeitet jetzt in der Bibliothek.

4. Hat es _____ im Restaurant nicht gefallen?

5. Ich glaube, der Lärm war zu viel für _____.

6. In der Bibliothek darf _____ ja nicht laut reden.

7. Eben. Ach, da ist ja nur ein freier Tisch. Wollen wir _____ nehmen?

8. _____ steht aber so nah an der Tür!

9. Wo ist der Kellner? Vielleicht kann _____ _____ irgendwo anders hinschieben *(push).*

10. Entschuldigung, können _____ uns vielleicht helfen?

11. Hallo, David! _____ bist es! Hallo, Sophie! Was braucht _____?

12. Hallo, Daniel! Kannst _____ diesen Tisch für uns weiter weg von der Tür schieben?

13. Ja, klar doch! Kein Problem! Wie geht's _____ denn?

B. **Ein Salat.** Beantworten Sie die Fragen mit dem passenden Pronomen.

BEISPIEL   Hast du die Tomate schon geschnitten *(cut)?*   (nein / noch nicht)
         Nein, ich habe sie noch nicht geschnitten.

1. Wo hast du die Gurken *(cucumbers)* hingetan?   (in den Kühlschrank)

   _____

2. Magst du grüne Paprikaschoten *(bell peppers)* im Salat?   (ja / gern essen)

   _____

3. Jetzt finde ich die Schüssel *(serving bowl)* nicht!   (im Esszimmer / wohl / sein)

   _____

4. Gibst du mir den Löffel? (nicht haben)

_____

5. Ach! Nun brauche ich das Messer wieder! (im Waschbecken [sink] liegen)

_____

6. Hoffentlich wird der Salat was! (werden / allen schmecken)

_____

C. Anders gesagt. Schreiben Sie die Sätze um, indem Sie den fett gedruckten Satzteil mit dem Indefinitpronomen ersetzen.

BEISPIEL   **Alle** sagen, dass es Gespenster im Haus gibt.   *(one)*
            Man sagt, dass es Gespenster in dem Haus gibt.

1. Die Verwaltung *(management)* sollte **uns** das sagen.   *(one)*

_____

2. **Alle Leute** wissen, was eigentlich passiert ist.   *(everyone)*

_____

3. **Ein unbekannter Mensch** hat ihr Blumen geschickt.   *(someone)*

_____

4. In der Fußgängerzone *(pedestrian zone)* **gibt es** schöne Cafés.   *(one finds)*

_____

5. Ich habe von **einem anderen Freund** gehört.   *(someone else)*

_____

6. Habt **ihr alle** die Hausaufgaben nicht gemacht?   *(no one)*

_____

7. **Eine Person, die** dich sehen wollte, kam gestern an die Tür.   *(someone who . . .)*

_____

D. Neu eingezogen. Setzen Sie die richtige Form des Indefinitpronomens ein.

BEISPIEL   In dieser Stadt kennen wir _____ *niemand(en)* _____ . *(nobody)*

1. Es dauert eine Weile, bis _____ sich eingewöhnt *(settles in)*.   *(one)*

2. _____ hat uns einen Stadtplan gegeben.   *(someone)*

3. Wir fragten _____, wo der Bus anhält.   *(someone else)*

4. _____ wollte wissen, woher wir kommen.   *(no one)*

5. Irgendwie weiß es schon _____.   *(everyone)*

6. Jeden Tag besucht uns _____.   *(someone else)*

7. Wir wissen nicht, ob uns _____ mag.   *(anyone)*

8. _____ hat uns zu einem Kaffee eingeladen.   *(nobody)*

E.   Welche? Beantworten Sie die Fragen mit Demonstrativpronomen.

BEISPIEL   Mit welchem Motorrad sind Sie gefahren?   *(this one [here])*
Ich bin mit dem hier gefahren.

1. Welche Fotos finden Sie schöner?   *(these [here])*

   _____

2. Welchen Laptop magst du lieber?   *(that one [there])*

   _____

3. In welchen Cafés gibt es Maronischnitten (*chestnut pastries*)?   *(those [there])*

   _____

4. Welches Bier schmeckt besser?   *(this one [here])*

   _____

5. Auf welcher CD ist dieses Lied?   *(this one [there])*

   _____

6. In welchem Restaurant hat sie gearbeitet?   *(that one [there])*

   _____

F.   Der Freundeskreis. Beantworten Sie die Fragen, indem Sie jeden Satz mit einem Demonstrativpronomen beginnen.

BEISPIEL   Siehst du Philip heute?   (eben gerade *[just]* / sehen: Perfekt)
Den habe ich eben gerade gesehen.

1. War die Sara auch dabei?   (nicht dabei / sein) (Perfekt)

   _____

2. Hast du Laura gesehen?   (mit / gestern / einkaufen gehen: Perfekt)

   _____

3. Und wo ist Lukas?   (nicht mehr / an der Uni / sein: Präsens)

   _____

4. Was hast du mit Philip gemacht?   (mit / zur Vorlesung gehen: Präteritum)

   _____

5. Und danach habt ihr Lisa und Katharina getroffen?   (mit / in der Bibliothek / lernen: Perfekt)

   _____

6. War der Felix nicht dabei?   (nein / arbeiten müssen: Präteritum)

   _____

G. **Auf Deutsch!** Übersetzen Sie die Sätze mit Demonstrativpronomen.

1. Lisa and Georg play golf, too. I often play with them.

   _____

2. Tobias gave Luca his (Luca's) watch back.   (Präteritum)

   _____

3. Stefan is planning a party for Alexander in his (Alexander's) apartment.

   _____

4. David is building Niklas a table in his (David's) garage.

   _____

5. Heike and Udo are swimming with friends in their (the friends') pool **(das Schwimmbecken)**.

   _____

H. **Immer dasselbe.** Vervollständigen Sie die Sätze mit der richtigen Form von **derselb-**.

BEISPIEL   Die Hühner und die Gänse (geese) laufen um _____ *dasselbe* _____ Haus.

1. Meine Eltern stellen immer wieder _____ Fragen.

2. Diese Schlüssel passen beide zu _____ Auto.

3. Denken wir beide an _____ Sänger?

4. _____ Mannschaft hat die Weltmeisterschaft dreimal gewonnen.

5. Wir lieben _____ Frau!

6. Wir waren Austauschschüler in _____ Stadt.

7. Jetzt studieren wir an _____ Uni!

I. **Wortschatz.** Vervollständigen Sie die Sätze mit einem passenden Wort aus der Liste.

ein ander-	noch ein-
erst	nur

1. Dieser Wein schmeckt mir nicht. Bestellen wir doch _____.

2. Dieser Wein ist prima. Bestellen wir doch _____ Flasche!

3. Bis jetzt haben wir keine Zeit gehabt. Wir sind ja _____ heute Morgen angekommen!

4. Beeilt euch, ihr habt ja _____ bis heute Abend!

5. Dieses Hemd passt mir nicht. Hol' mir bitte _____.

6. Diese Pralinen schmecken lecker! Kaufen wir doch _____ Schachtel (*f.*)!

18

Relative pronouns

A. **Auf Tournee** *(on tour).* Schreiben Sie die beiden Sätze in einen Relativsatz um.

BEISPIEL   Michelle spielt in einem Orchester. Das Orchester reist jedes Jahr nach Ulm.
Michelle spielt in einem Orchester, das jedes Jahr nach Ulm reist.

1. Sie hat eine Trompete. Diese Trompete ist zweimal so alt und halb so laut wie sie.

   _____

   _____

2. Dieser Dirigent *(conductor)* ist in der ganzen Welt berühmt. Er kommt aus Spanien.

   _____

   _____

3. Das Orchester spielt in vielen Ländern. Diese Länder liegen nicht alle in Europa.

   _____

   _____

4. Die Städte sind die Hauptstädte Europas. Das Orchester spielt oft in diesen Städten.

   _____

   _____

5. Michelle sitzt neben einem jungen Mann. Ich habe ihn vor zwei Jahren getroffen.

   _____

   _____

6. Das ist der gemeinsame Bekannte. Diesem Bekannten habe ich mein Auto verkauft.

   _____

   _____

7. Dieser Bekannte hat eine Freundin. Jetzt gehört dieser Freundin das Auto.

   _____

   _____

8. Sie spielt auch in diesem Orchester. Diesem Orchester wurde ein Preis verliehen.

   _____

   _____

B. **Was für ein …** Vervollständigen Sie die Sätze auf Deutsch.

BEISPIEL   Ich suche einen Menschen …   *(who needs me, whom I can love, and whom I can dance with)*

Ich suche einen Menschen, der mich braucht, den ich lieben (kann) und mit dem ich tanzen kann.

1. Sie sind eine Arbeitgeberin, …   *(who works hard, whom I can work for, and whom I trust [**vertrauen** + dat.])*

_____

_____

2. Ich besuche meinen Onkel, …   *(whom I told you about, whom I haven't seen for [**seit**] years, and who lives in Merzhausen)*

_____

_____

3. Sie wohnt in dem Haus, …   *(that has many windows, that you (fam., pl.) saw yesterday, and in which I also live)*

_____

_____

4. Die Polizei sucht Menschen, …   *(who drive Mercedes, whom the woman knew well, and about whom one doesn't know much)*

_____

_____

5. Am besten finde ich Professoren, …   *(who are funny, from whom one can learn a lot, and whom one can understand)*

_____

_____

C. **Wessen?** Schreiben Sie die beiden Sätze in einen Relativsatz um.

BEISPIEL   Kennst du unsere Nachbarin? Ihr Sohn studiert jetzt in Spanien.

Kennst du unsere Nachbarin, deren Sohn jetzt in Spanien studiert?

1. Nun sehe ich den Freund. Auf seiner Facebookseite ist dein Foto erschienen.

_____

2. Der Verdächtige erzählte dem Polizisten eine Geschichte. Ihr Ende war unglaublich.

_____

3. Wo leben die Leute? Wir lernen jetzt ihre Sprache.

_____

4. Katharina ist eine Freundin von mir. Ihr Auto wurde gestohlen.

_____

5. Der Autor hält einen Vortrag. Seine Bücher haben wir alle gelesen.

_____

6. Wann lebte die Künstlerin? Wir schauen uns gerade ihr Gemälde an.

_____

D. **Mehr Relativsätze.** Schreiben Sie einen Relativsatz mit den Wörtern in Klammern.

BEISPIEL   Habt ihr alles getan?   (ihr / tun können)
                 Habt ihr alles getan, was ihr tun konntet?

1. Ich muss dir etwas erzählen.   (dich / nicht freuen werden)

_____

2. Manches hat uns erschreckt *(startled)*.   (wir / in Frankfurt sehen)

_____

3. Das Schlimmste kam zuerst.   (ihr / passieren)

_____

4. Sie lächelten die ganze Zeit.   (mich / eigentlich stören)

_____

5. Das Zweite hat er vergessen.   (er / tun wollen)

_____

6. Unser Professor gibt uns zu viele Hausaufgaben auf.   (wir / nicht gut finden)

_____

7. Aber dadurch lernen wir auch viel.   (uns / gut tun)

_____

8. Das Beste wäre fleissig zu lernen.   (wir / machen können)

_____

E. **Auf Deutsch!** Übersetzen Sie die Sätze. Verwenden Sie das Präteritum für die Vergangenheit.

1. He asked me whom I wanted to talk to.

_____

2. I asked him who he was.

_____

3. She wanted to know whose money we had spent.

_____

4. Whoever needs food I will help.

_____

5. They didn't say where they had been or what they had done.

_____

6. He won't say what he painted (**malen**) the picture with.

_____

7. Do something we can be proud of (**stolz auf** + *acc.*). *(formal)*

_____

F. **Wortschatz.** Ordnen Sie die Wörter in die passende Kategorie ein.

Auto	**Kirche**	**PKW (Personenkraftwagen)**	**Schuhbürste**
Bett	**LKW (Lastkraftwagen)**	**Rathaus**	**Stuhl**
Hammer	**Messer**	**Regal**	**Tisch**
Haus	**Motorrad**	**Schere**	**Wolkenkratzer**

Fahrzeuge: _____

_____

Gebäude: _____

_____

Möbel: _____

_____

Werkzeuge: _____

_____

19

Questions and interrogatives

A. **Wer? Was? Wo? Wann?** Stellen Sie Fragen zu den Sätzen.

BEISPIEL   Tim ruft heute Abend **Peter** an.
              Wen ruft Tim (er) heute Abend an?

1. Sara schenkt **ihrer Kusine** eine CD.

   _____

2. Ich habe ihn gefragt, **ob er mitkommen wollte.**   *(you, formal)*

   _____

3. Wir haben **Jessicas** Sonnenbrille gefunden!   *(you, fam.)*

   _____

4. **Das Buch** liegt auf dem Regal.

   _____

5. Diese Armbanduhr gehörte **dem Verstorbenen.**

   _____

6. **Ein Mann** hat mich nach Hause gefahren.   *(you, fam.)*

   _____

7. Renate hat **den Polizisten** nicht gesehen.

   _____

8. Wissen die Eltern, dass **ihr Kind** das Geld gestohlen hat?

   _____

B. **Wie bitte?** Bilden Sie Fragen mit **du.**

BEISPIEL   Ich reise **mit meinem neuen iPad.**
            Womit reist du?

1. Ich möchte eine E-Mail **an meine Familie** schreiben.

   _____

2. Ich schreibe **witzige** E-Mails am liebsten.

   _____

3. Ohne **Internetverbindung** *(internet connection)* kann ich die E-Mails aber nicht abschicken.

   _____

4. Auf **dieser** Webseite habe ich mit ihm gechattet.

   _____

5. Ich warte erst **auf seine Antwort,** bevor ich ihm nochmal schreibe.

   _____

C. **Sie sind aber neugierig!** Vervollständigen Sie die Fragen mit **welch-** oder **was für (ein-).**

BEISPIEL   _____*Welche*_____ Frau meinst du?
            —Ich meine die da.

1. _____ Fragen stellen die Studenten?
   —Sie stellen schwere Fragen.

2. Mit _____ Zug seid ihr gekommen?
   —Mit dem verspäteten Zug.

3. Bei _____ Mannschaft spielt er?
   —Bei einer guten.

4. _____ Bücher haben Sie noch nicht gelesen?
   —Nur diese hier.

5. An _____ Freundin schreibst du?
   —An eine alte.

6. Für _____ Firma arbeitet er?
   —Für eine große amerikanische Firma.

7. _____ Haus kauft ihr?
   —Das schöne Haus an der Ecke.

8. _____ Geschäftsmann ist er?
   —Ein ehrlicher *(honest).*

D. **Zuerst die Antwort.** Bilden Sie Fragen mit einem passenden Adverb aus der Liste.

BEISPIEL Der nächste Bus kommt **um eins.**
Wann kommt der nächste Bus?

wann	**wie**	**wo**
warum	**wie viel**	**woher**
wieso	**wie viele**	**wohin**

1. Wir fahren **in die Türkei.** *(you, fam.)*

   _____

2. Er kommt **aus den Vereinigten Staaten.**

   _____

3. Sie ist gekommen, **weil sie eingeladen wurde.**

   _____

4. Ich habe das Bild **mit Aquarellfarben** *(water colors)* gemalt. *(you, fam.)*

   _____

5. Es gibt nur **drei** solche Schlangen *(snakes)* in diesem Park.

   _____

6. Den Autoschlüssel findest du **in deiner Tasche.**

   _____

7. Es geht uns **gut.** *(you, fam.)*

   _____

8. Als Kellner verdient Paul **2.000 Euro** im Monat.

   _____

E. **Indirekt gefragt.** Ergänzen Sie die Sätze mit indirekten Fragen.

BEISPIEL Julia möchte wissen... (Mit wem hast du gesprochen?)
Julia möchte wissen, mit wem du gesprochen hast.

1. Leon hat gefragt,... (An wen sollte das Kind sich wenden?)

   _____

   _____

2. Lena will wissen,... (Gibt es einen Geldautomaten in der Nähe des Restaurants?)

   _____

   _____

3. Sophie möchte wissen,...   (Auf welcher Webseite hast du die Schuhe gefunden?)

_____

_____

4. David will nicht wissen,...   (Wart ihr gestern in der Vorlesung?)

_____

_____

5. Lea hat gefragt,...   (Wie lange dauert es, bis der nächste Zug nach Freiburg abfährt?)

_____

_____

F. **Auf Deutsch!** Übersetzen Sie die Sätze.

1. Katharina asked me whether it will rain tomorrow.   (Perfekt)

_____

2. "You (*fam.*) don't like to go to the movies, do you?" "Oh yes, I do!"

_____

3. Who are the people next to you (*fam., sg.*)?

_____

4. How many tests do you (*fam., sg.*) have this week? And how much time do you have (available) to study for (**lernen für**) them?

_____

_____

G. **Wortschatz.** Vervollständigen Sie die Sätze mit dem passenden Wort aus der Liste.

an·halten	auf·hören	stehen bleiben
auf·halten	halten	stoppen

1. Warum _____ Sie mich hier so lange _____?

2. Dieser Zug _____ in jedem kleinen Dorf _____.

3. Wegen eines Unfalls sind wir 35 Minuten vorm Restaurant _____.

4. _____ du endlich _____ mit dem Lachen?

5. Mein Auto ist heute Morgen plötzlich _____.

6. Der Zollbeamte (*customs agent*) _____ ein paar Einreisende (*arriving passengers*), die aus dem Flugzeug kamen.

20

Da-compounds • Uses of *es*

A. Geantwortet! Beantworten Sie die Fragen. Wenn möglich, ersetzen Sie die fett gedruckten Satzteile durch **da**-Konstruktionen.

BEISPIEL   Denkt sie **an Nico?**   (ja / immer)   *Ja, sie denkt immer an ihn.*
                 Denkt sie **an die Prüfung?**   (ja / immer)   *Ja, sie denkt immer daran.*

1. Was halten Sie **vom Fernsehen?**   (nicht viel)

    _____

2. Erzählt der Professor **von seinen vielen Afrikareisen?**   (jeden Tag)

    _____

3. Willst du wissen, was man **mit dieser Maschine** macht?   (nein / schon wissen)

    _____

4. Wie oft schreibt ihr **an eure Freundinnen?**   (mindestens zweimal am Tag)

    _____

5. Warum versteht Willi einfach nicht, was man **gegen den Kapitalismus** haben kann?   (weil / er / nichts ... haben)

    _____

6. Hast du wirklich eine Verabredung *(date)* **mit Laura?**   (natürlich)

    _____

7. Wohin gehen wir **nach dem Film?**   (in ein Café)

    _____

8. Ärgert er sich **über seine schlechte Note?**   (ja / seit zwei Tagen)

    _____

9. Trinkst du wirklich Kaffee **ohne Zucker?**   (ja, meistens)

    _____

10. Möchtet ihr hören, **wie ich das Spiel gestern gewonnen habe?**   (nein / schon hören)

    _____

B. Anders gesagt. Schreiben Sie die Sätze mit **da**-Konstruktionen um.

BEISPIEL   Kinder haben manchmal Angst vorm Alleinsein.   (allein sein)
Kinder haben manchmal Angst davor, allein zu sein.

1. Maria träumt immer vom Reichtum *(riches)*.   (reich sein)

   _____

2. Meine Mitbewohner ärgern sich über mein schlechtes Benehmen *(behavior)*.   (dass / sich schlecht benehmen)

   _____

3. Sie warnt uns vorm Trinken.   (zu viel trinken)

   _____

4. Frau Schnittler erzählt uns immer von ihrer Angst vor Tieren.   (dass / Angst haben)

   _____

5. Diese netten Leute sorgen für dein Wohlsein.   (dass / gut gehen)

   _____

6. Die Frau hat ihn zum Verkauf seiner letzten Karte überredet.   (verkaufen)

   _____

7. Ich bin von deiner Hilfsbereitschaft ausgegangen.   (dass / bereit sein zu helfen)

   _____

8. Sie freuen sich bestimmt auf unseren Besuch.   (dass / bald besuchen)

   _____

C. Was gibt's?   Beantworten Sie die Fragen. Verwenden Sie dazu folgende **es**-Ausdrücke:

        a. *impersonal* **es**   b. **es gibt**   c. **es ist/sind**

BEISPIELE   Wie ist das Wetter in Hamburg gewesen?   (a. immer regnen)
Es hat immer geregnet.

                Wo findet man ein chinesisches Restaurant?   (b. in der Altstadt)
Es gibt ein chinesisches Restaurant in der Altstadt.

                Haben wir Post bekommen?   (c. zwei Pakete / kommen)
Es sind zwei Pakete gekommen.

1. Warum kauft ihr keine Ananas *(pineapple)*?   (b. zu dieser Jahreszeit / keine)

   _____

2. Wie spät haben wir denn?   (a. kurz nach zwei)

   _____

3. Wie fühlt er sich? (a. zur Zeit / gut gehen)

_____

4. Sind schon Gäste gekommen? (c. schon drei / kommen [im Perfekt])

_____

5. Spricht die Politikerin mit allen Einwohnern *(residents)*? (b. nein / zu viele)

_____

6. Was hast du dazu zu sagen? (a. Leid tun)

_____

7. Warum zieht sie sich einen Pullover an? (a. zu kalt sein)

_____

D. Anders gesagt. Schreiben Sie die Sätze mit passenden **es**-Ausdrücken um.

BEISPIEL   Dein Lachen freut mich.   *Es freut mich, dass du lachst.*

1. Mein Basketballtrainer findet Sport wichtig. (man / Sport treiben)

_____

2. Deutsch sprechen macht meinem Bruder Spaß. (*inf. with* **zu**)

_____

3. Dass einige Studentinnen und Studenten nicht ohne iPod auskommen, ärgert ihn.

_____

_____

4. Unsere Teilnahme *(participation)* hat alle Anwesenden *(those present)* gefreut.

_____

_____

5. Geschirr spülen *(washing dishes)* macht ihr keinen Spaß. (*inf. with* **zu**)

_____

6. Zwei Männer standen an der Ecke vor dem Haus des Verdächtigten.

_____

7. Viele Leute glauben, dass unsere Regierung *(government)* oft nicht die Wahrheit sagt.

_____

_____

8. Jemand klopft an die Tür.

_____

E.   Auf Deutsch! Übersetzen Sie die Sätze mit Ausdrücken aus dem **Wortschatz**.

1. We are dealing with a crisis here.

     _____

2. What was the movie about?

     _____

3. What's the issue?

     _____

4. It's a question of who has more money.

     _____

5. The novel (**der Roman**) is about family.

     _____

6. We are talking about whether or not we should go.

     _____

F.   Worüber? Worauf? Wovor? Bilden Sie Sätze. Verwenden Sie **da**-Konstruktionen wenn möglich.

BEISPIELE   sie *(sing.)* / sich ärgern über / die Verspätung   (Präsens)
                  Sie ärgert sich über die Verspätung.

                  sie *(sing.)* / sich ärgern über // er / sich verspäten   (Perfekt)
                  Sie hat sich darüber geärgert, dass er sich verspätet hat.

1. er / Spinnen *(spiders)* / Angst haben vor   (Präsens)

     _____

2. er / Angst haben vor // Spinnen / ins Bett kriechen *(crawl)*   (Präsens)

     _____

3. ich / sich vorbereiten auf / die Klausur   (Präsens)

     _____

4. ich / sich vorbereiten auf // die Klausur / schreiben   (Präsens)

     _____

Subjunctive II

A. Übung. Bilden Sie für jedes Verb **a. das Präteritum** und **b. den zweiten Konjunktiv.**

BEISPIEL   kommen (ich, er)   a. *ich kam, er kam*   b. *ich käme, er käme*

1. wissen (wir, du)   a. _____

                                b. _____

2. leben (ihr, Sie)   a. _____

                                b. _____

3. haben (sie *sing.*, du)   a. _____

                                b. _____

4. tun (sie *pl.*, ich)   a. _____

                                b. _____

5. gehen (du, ihr)   a. _____

                                b. _____

6. sein (ich, wir)   a. _____

                                b. _____

7. kosten (es, sie *pl.*)   a. _____

                                b. _____

8. werden (ich, er)   a. _____

                                b. _____

B. In den Semesterferien. Schreiben Sie die Sätze in den zweiten Konjunktiv um.

BEISPIEL   Wenn das Semester vorbei ist,...

                  Wenn das Semester (nur schon) vorbei wäre,...

1. ... dann müssen wir nicht so viel lernen.

_____

2. Ich kann in Urlaub fahren.

_____

3. Meine Freundin darf mitfahren.

_____

4. Du wirst mir jeden Tag eine E-Mail schreiben.

_____

5. Ihr wollt mit uns wandern gehen.

_____

6. Alexander kann ein Boot mieten und angeln *(fish)*.

_____

7. Anna wird nicht arbeiten.

_____

8. Ich kann endlich ausschlafen!

_____

C. **Die langsame Bedienung** *(service)*. Schreiben Sie die Sätze um; verwenden Sie die richtige Form von **würde** + Infinitiv.

BEISPIEL   Wenn wir den ganzen Nachmittag hier sitzen, kommen wir zu spät an.
                  Wenn wir den ganzen Nachmittag hier sitzen würden, würden wir zu spät ankommen.

1. Vielleicht helfen uns die Anderen, wenn wir schreien.

_____

2. Wenn ich diesen Teller auf den Boden werfe, kommt der Kellner gewiss.

_____

3. Kauft ihr dieses Restaurant, wenn ihr die Lotterie gewinnt?

_____

4. Nein, wir beginnen unsere Weltreise.

_____

5. Ach, wenn Hanna nur ein anderes Restaurant empfiehlt!

_____

6. Aber gehst du dahin, ohne es zu kennen?

_____

7. Ich gehe bestimmt dahin, wenn die Bedienung schneller ist!

_____

D.   Auf Deutsch! Übersetzen Sie die Sätze.

1.   If only the rain would stop (**aufhören**)!

_____

2.   Would you *(informal)* please repeat the last sentence?

_____

3.   We would like two mineral waters.

_____

4.   Would it be possible to use your *(formal)* restroom (**die Toilette**)?

_____

5.   Could you *(formal)* please tell me what time it is?

_____

E.   Wenn das Wörtchen *wenn* nicht wär' ... Reagieren Sie auf die folgenden Situationen.

BEISPIEL   Ihre Gäste beklagen sich *(complain)*, dass sie Hunger haben. (wenn / ich / mehr Essen / kaufen)
              Wenn ich (nur) mehr Essen gekauft hätte!

1.   Emily ist mit zwanzig Stunden Verspätung *(delay)* angekommen. (wenn / sie *sing.* / mit der Lufthansa fliegen)

_____

2.   Sie haben sich in Spanien verfahren *(got lost)*. (wenn / ich / besser Spanisch lernen)

_____

3.   Sie haben kein Geld für eine Reise. (wenn / wir / mehr sparen [*save*])

_____

4.   Tim verpasste den Bus am Morgen der Prüfung. (wenn / er / früher aufstehen)

_____

5.   Viktoria kann sich diese Wohnung nicht leisten. (wenn / sie / während der Ferien arbeiten)

_____

F.   ... wären wir alle Millionär! Schreiben Sie die Folgen *(consequences)* Ihrer Antworten von **Übung E.**

BEISPIEL   (die Gäste / jetzt / satt [*full*] sein) ... (wenn / ich / mehr Essen kaufen)
              Die Gäste wären jetzt satt, wenn ich mehr Essen gekauft hätte.

1.   (wir / jetzt schon / zu Hause sein) ... (wenn / Emily / mit der Lufthansa fliegen)

_____

2.   (ich / jetzt / schon in Madrid sein) ... (wenn / ich / besser Spanisch lernen)

_____

3. (wir / jetzt / nach Griechenland fahren können) ... (wenn / wir / mehr sparen)

_____

4. (Tim / jetzt / nicht traurig sein) ... (wenn / er / früher aufstehen)

_____

5. (Viktoria / jetzt / ganz nah an der Uni wohnen) ... (wenn / sie / während der Ferien arbeiten)

_____

G. **Oder vielleicht auch nicht.** Schreiben Sie weitere Folgen Ihrer Antworten in **Übung E.**

BEISPIEL   (wenn / einige Gäste / nicht so viel essen) ... (die anderen / sich nicht beklagen)
            Wenn einige Gäste nicht so viel gegessen hätten, (dann) hätten die anderen sich nicht beklagt.

1. (wenn / Emily / nicht so spät ankommen) ... (ich / nicht so lange auf sie warten müssen)

_____

2. (wenn / ich / nicht so oft fehlen _[be absent]_) ... (meine Spanisch-Noten / besser sein)

_____

3. (wenn / wir / das neue Auto / nicht kaufen) ... (wir / Geld / für eine Reise haben)

_____

4. (wenn / Tim / nicht auf das Fest gehen) ... (er / mehr schlafen)

_____

5. (wenn / Viktoria / auf das Praktikum bei Bosch verzichten _[to turn down]_) ... (sie / als Kellnerin arbeiten können)

_____

H. **Wortschatz.** Vervollständigen Sie die Sätze mit einem passenden Verb aus der Liste.

sich auf·führen	**handeln**
sich benehmen	**tun**
sich verhalten	

1. _____ dich nicht so unmöglich _____!

2. Wenn sie so müde ist, kann sich meine kleine Schwester nicht gut _____.

3. Felix _____ so, als ob er immer Recht hat.

4. Wir können nicht _____, bevor wir seine Antwort hören.

5. Wie _____ er sich normalerweise in solchen Situationen?

6. Ihr solltet euch bei Oma gut _____.

Indirect discourse • Subjunctive I

A. **Verbformen.** Bilden Sie den Konjunktiv I für die folgenden Verben.

BEISPIEL   geben (er, es)   a. *er gebe*   b. *es gebe*

1. können (ich, sie *sing.*)   a. _____   b. _____

2. haben (er, es)   a. _____   b. _____

3. sein (wir, Sie)   a. _____   b. _____

4. wollen (ich, er)   a. _____   b. _____

5. werden (du, sie *sing.*)   a. _____   b. _____

6. müssen (ihr, ich)   a. _____   b. _____

B. **Mehr Verbformen.** Schreiben Sie den Indikativ, den Konjunktiv I und den Konjunktiv II für diese Verben.

	Indikativ	Konjunktiv I	Konjunktiv II
BEISPIEL sehen (ich)	*ich sehe*	*ich sehe*	*ich sähe*
1. geben (wir)	_____	_____	_____
2. singen (Sie)	_____	_____	_____
3. kaufen (sie *pl.*)	_____	_____	_____
4. sehen (sie *sing.*)	_____	_____	_____
5. laufen (ihr)	_____	_____	_____
6. sagen (ich)	_____	_____	_____
7. haben (du)	_____	_____	_____
8. lernen (er)	_____	_____	_____

C. **Welche Verbform?** Umkreisen Sie *(circle)* die Verbformen in **Übung B,** die Sie benutzen würden, um die Indirekte Rede zu bilden. Warum haben Sie diese Form gewählt? Schreiben Sie die zwei Gründe, die es gibt. (Zwei dieser Verben kann man entweder im Konjunktiv I oder im Konjunktiv II benutzen.)

1. _____

_____

2. _____

D. Diebstahl! Schreiben Sie die Aussagen der folgenden Leute in die Indirekte Rede (Konjunktiv I) um. Verwenden Sie dabei als Einleitung Verben aus dem **Wortschatz.**

BEISPIEL   Max: „Jemand hat den frisch gebackenen Kuchen gestohlen!" *(to yell)*
Max schrie, dass jemand den frisch gebackenen Kuchen gestohlen habe.

1. Maria: „Ich habe den Kuchen vor fünf Minuten auf dem Tisch gesehen." *(to assure)*

_____

_____

2. Paul: „Ich bin es nicht gewesen. Ich esse keinen Kuchen." *(to swear)*

_____

3. Lena: „Ich bin den ganzen Nachmittag in meinem Zimmer gewesen." *(to emphasize)*

_____

4. Ich: „Wann bist du nach Hause gekommen, Max?" *(to ask)*

_____

5. Maria und Paul: „Max hat auch immer Hunger!" *(to inform)*

_____

6. Max: „Ich werde den Täter *(culprit)* finden, um meine Unschuld zu beweisen!" *(to reply)*

_____

_____

E. Auf Deutsch! Übersetzen Sie die Sätze. Verwenden Sie den Konjunktiv I, wenn möglich.

1. Long live the queen! _____

2. Emily wanted to know who gave her a kitten **(das Kätzchen, -).**

_____

3. Niklas said that we should call him tomorrow.

_____

4. Take three eggs and stir **(rühren)** them into the dough **(der Teig).**   [*Hint:* use "Man ... "]

_____

5. Katharina told me that she would call tonight if she could, but her cell phone is out of order **(kaputt).**

_____

23

Imperative mood • Commands

A.   **Verbformen.** Bilden Sie die Imperative für die folgenden Verben.

BEISPIEL   schreiben (du, Sie)   a. *Schreib(e)*   b. *Schreiben Sie*

1. laufen (ihr, du)   a. _____

   b. _____

2. geben (Sie, du)   a. _____

   b. _____

3. sein (du, wir)   a. _____

   b. _____

4. fragen (du, ihr)   a. _____

   b. _____

5. zahlen (wir, du)   a. _____

   b. _____

6. lesen (ihr, du)   a. _____

   b. _____

7. zuhören (wir, ihr)   a. _____

   b. _____

8. aufpassen (ihr, Sie)   a. _____

   b. _____

B.   **Anders gesagt.** Schreiben Sie die Sätze um, indem Sie das Imperativ bilden.

BEISPIEL   Du darfst hier nicht anhalten!   *Halt(e) hier nicht an!*

1. Du sollst deinen Laptop mitbringen.

   _____

2. Du fährst zu schnell!

   _____

3. Es ist wichtig, dass Sie ruhig sind.

   _____

4. Ihr sollt doch miteinander Deutsch sprechen.

   _____

5. Nun musst du die Rechnung zahlen.

   _____

6. Du musst atmen!

   _____

7. Ich hoffe, dass ihr eure Hausaufgaben nicht vergesst.

   _____

8. Es wäre besser, wenn Sie mir Ihre Aufmerksamkeit schenken würden.

   _____

C. **Was passt am besten?** Wählen Sie die passenden Partikeln.

BEISPIEL   Ihr Mitbewohner nervt Sie.   (lieber, doch)

   „Hör _____ *doch* _____ auf!"

1. Ihre Freundin isst Schokolade. „Gib mir _____ ein Stück!"   (bitte, nur)

2. Ihr Freund kann sich nicht entscheiden, welchen iPod er haben möchte. „Kauf _____
   den grünen."   (mal, lieber)

3. Ihr Nachbar zieht nach Frankfurt um. „Schicke mir _____ eine E-Mail wenn du Lust
   hast."   (mal, lieber)

4. Ihre Freunde spielen laute Musik um zwei Uhr morgens. „Seid _____ ruhig!"   (doch, nur)

5. Sie wollen Ihrem Freund etwas zeigen. „Komm _____ her!"   (lieber, mal)

6. „Sollen wir ins Restaurant gehen?" „Essen wir _____ zu Hause."   (lieber, mal)

D. **Ein bißchen netter ausgedrückt.** Schreiben Sie die Sätze um, indem Sie ein Modalverb, den Konjunktiv oder
die Fragestellung benutzen.

BEISPIELE   Reiche mir bitte den Akku.

   (Modalverb) *Kannst du mir bitte den Akku reichen?*

   (Konjunktiv) *Würdest du mir bitte den Akku reichen?*

   (Frage) *Reichst du mir bitte den Akku?*

1. Drücken Sie auf die Raute-Taste.   (Frage)

   _____

2. Schalte die Video-Kamera doch aus.   (Modalverb)

   _____

3. Lade die Fotos herunter.   (Konjunktiv)

   _____

4. Zeigen Sie mir bitte die Webseite.   (Modalverb)

_____

5. Gib mir bitte meinen MP3-Spieler zurück.   (Frage)

_____

6. Wähle doch die richtige Nummer!   (Konjunktiv)

_____

E. **Übersetzen Sie die Sätze.** Verwenden Sie den Infinitiv.

1. Please do not take pictures!

_____

2. Do not feed (**füttern**) the animals!

_____

3. Do not park here!

_____

4. Keep the entrance (**die Einfahrt**) free!

_____

24

Future tense • Future perfect tense

A. **Der Besuch.** Schreiben Sie die Sätze in das Futur um.

BEISPIEL Anna kommt um acht Uhr an.
Anna wird um acht Uhr ankommen.

1. Ich hole sie dann vom Bahnhof ab.

   _____

2. Fährst du mit zum Bahnhof?

   _____

3. Sie freut sich bestimmt uns zu sehen.

   _____

4. Danach kommen wir nach Hause zurück und trinken einen Kaffee.

   _____

5. Ich glaube, dass ihr Bruder Lukas anruft.

   _____

6. Dann will sie natürlich ihre Mutter im Krankenhaus besuchen.

   _____

7. Ich hoffe, dass ihr am Nachmittag zu uns kommen könnt.

   _____

B. **Was machst du?** Schreiben Sie die Sätze in der Zukunft, ohne das Futur zu bilden.

BEISPIEL Hallo, Elisabeth! Was wirst du machen?   (heute Abend)
Hallo, Elisabeth! Was machst du heute Abend?

1. Ich werde ins Kino gehen.   (um zwanzig Uhr)

   _____

2. Leonie, wirst du schwimmen gehen?   (morgen Nachmittag)

   _____

3. Ich werde zu Verwandten in die Stadt fahren.   (übermorgen)

_____

4. Werdet ihr wirklich im Ausland studieren?   (nächstes Jahr)

_____

C.   Es wird wohl ... Bilden Sie Sätze im zweiten Futur.

BEISPIEL   tun   (er; alles)   *Er wird alles getan haben.*

1. verstehen   (sie *pl.*; die Frage)

_____

2. abfahren   (der letzte Zug; wohl)

_____

3. beginnen   (die Vorlesung; ohne uns)

_____

4. einkaufen gehen   (ihr; heute Morgen)

_____

5. schlafen   (Tim; den ganzen Tag)

_____

D.   Auf Deutsch! Übersetzen Sie die Sätze ins zweite Futur.

BEISPIEL   She has probably asked twenty times.   *Sie wird wohl zwanzigmal gefragt haben.*

1. Grandma (**Oma**) probably gave you *(sing. fam.)* 10 euros.

_____

2. They have probably already left for (**fahren nach**) Germany.

_____

3. Your brother has probably received an A (**eine Eins**) on (**in**) the test.

_____

4. The doctor *(m.)* has probably tried everything possible (**alles Mögliche**).

_____

E.   *Weitermachen, fortfahren, fortsetzen.* Setzen Sie die passende Form des richtigen Verbs ein.

1. Ich darf nicht einschlafen, sondern muss mit dem Lernen _____.

2. Diese Übersetzung ist gut. _____ so!

3. Nach der Pause hat der Professor die Vorlesung _____.

4. Ich entschuldige mich für die Unterbrechung, _____ Sie bitte

_____.

LAB MANUAL

Aufgaben zum Hörverständnis

NAME _____ DATUM _____

Hörverständnis 1: *Mein Lieblingsmärchen*

Heike und Martin treffen sich zufällig in einer Buchhandlung und fangen an, über ihre Lieblingsmärchen zu sprechen. (Den Grund erklären sie gleich am Anfang des Gesprächs.) Leider ist es aber so, dass Martin sich nicht immer ganz korrekt an die Handlung (*plot*) erinnern kann.

Vokabeln

Zwerg (*dwarf*)   **Königin** (*queen*)   **Brunnen** (*well*)
Stiefmutter (*stepmother*)   **Hexe** (*witch*)

A. Hören Sie sich das Gespräch an, und kreuzen Sie die Märchen an, die Heike und Martin diskutieren – manchmal beim Namen, aber manchmal auch nicht.

☐ Aschenputtel   ☐ Hänsel und Gretel   ☐ Die goldene Gans

☐ Der Froschkönig   ☐ Schneewittchen   ☐ Die Bremer Stadtmusikanten

☐ Frau Holle   ☐ Rumpelstilzchen

B. Hören Sie sich das Gespräch noch einmal an, und achten Sie (*pay attention*) besonders auf die Sätze, die aus diesen Wörtern bestehen (*consist of*). Was ist die Reihenfolge von den Wörtern in jedem Satz? Schreiben Sie den Satz so, wie Sie ihn im Gespräch hören!

1. ich / vergesse / die Geschichte / nie

   _____

2. du / meinst / *Schneewittchen* / nicht wahr?

   _____

3. du / musst / geben / mir / deinen goldenen Ring

   _____

4. dann / sie / gibt / den Ring / ihm

   _____

5. … in der / ein singender Frosch / geht / nach Bremen / mit anderen Tieren

   _____

C. Berichtigen Sie (*correct*) drei Sätze von Martin, das heißt, nehmen Sie drei von Martins Aussagen (*statements*) und schreiben Sie die korrekte Information aus den Geschichten.

   BEISPIEL   *Martin sagt, dass der Frosch singt, aber das stimmt nicht. Im Froschkönig gibt der Frosch dem Mädchen den Ball zurück.*

1. _____

   _____

2. _____

_____

3. _____

_____

Hörverständnis 2: *Ein Märchen*

Hören Sie gern Märchen *(fairy tales)*? Hoffentlich ja, denn jetzt *müssen* Sie sich eins anhören, ob Sie wollen oder nicht.

A. Hören Sie sich das Märchen an. Sind die Aussagen unten richtig oder falsch?

Vokabeln

die Hexe   witch
die Genehmigung   permission, license
der Zaun   fence
aus Wut   out of anger
Konservierungsmittel *(pl.)*   (artificial) preservatives

	richtig	falsch
1. Der Vater der Kinder ist tot.	☐	☐
2. Im Wald hat es bis zu dem Tag viel geregnet.	☐	☐
3. Sie kommen am Spätnachmittag zum Zuckerhaus.	☐	☐
4. Den Zucker essen die Kinder nicht, sondern das Gemüse.	☐	☐
5. Die Hexe sagt, dass die Kinder bei ihr übernachten sollen.	☐	☐
6. Die Kinder stellen der Hexe viele Fragen und dann gehen sie hinein ins Haus.	☐	☐

B. Hören Sie sich das Märchen noch einmal an und markieren Sie die richtige Antwort.

1. Das Märchen beginnt:

    ☐ a. „Es gab einmal …"

    ☐ b. „Es waren einmal …"

2. Wenn die Hexe sagt: „Dazu bin ich ja da!", dann meint sie:

    ☐ a. „Ich bin da, um ihnen etwas zu essen zu geben."

    ☐ b. „Ich bin da, um zu dem Zuckerhaus zu gehen."

3. Wenn die Hexe sagt: „ … und dabei bleibt es", dann meint sie:

    ☐ a. „ … und so wird es sein."

    ☐ b. „ … und es bleibt bei dem Haus."

4. Wenn das kleine Mädchen sagt: „ … wir haben doch versprochen, ihr dabei zu helfen", dann bedeutet das:

    ☐ a. „Wir werden Mutti helfen, wenn sie das Recycling macht."

    ☐ b. „Wir werden neben Mutti stehen, wenn sie das Recycling macht."

Hörverständnis 1: *Beim Psychiater*

Herr Frennich – seine zwei Vornamen sind Fritz Oskar, also Fritz O. Frennich – na ja, Herr Frennich hat ein Problem. Schon seit Tagen schläft er nicht mehr; er kann sich also nicht konzentrieren und jetzt hat er Angst, dass er seinen Job verliert. Was soll er machen? Na klar: er besucht den berühmten *(famous)* Psychiater Dr. Siggi Froid.

A. Hören Sie sich das Gespräch zweimal an. Das erste Mal schreiben Sie einige Wörter von Froids Test auf. Das zweite Mal schreiben Sie Fritz' Antworten auf diese Wörter.

Testwörter	Fritz' Antworten
1. _____	_____
2. _____	_____
3. _____	_____
4. _____	_____
5. _____	_____
6. _____	_____
7. _____	_____
8. _____	_____

B. Schreiben Sie mit der Information von **Aufgabe A** einige Sätze, die Dr. Froid vielleicht in sein Notizbuch geschrieben hat.

BEISPIEL Froid sagt: *sprechen*. Fritz sagt: *nur mit meiner Schwester.*
Froid schreibt also: *Er spricht nur mit seiner Schwester.*

1. _____
2. _____
3. _____
4. _____
5. _____
6. _____
7. _____

Hörverständnis 2: *Online treffen*

Viele Leute lernen sich im Internet kennen, in Deutschland genauso wie in den USA. Aber in beiden Ländern beschreibt man sich oft so, dass man kaum *(hardly)* wieder zu erkennen ist. Hören Sie zu, wie Anita und Axel zum ersten Mal miteinander sprechen.

A. Lesen Sie zuerst die Liste von Eigenschaften und Aktivitäten. Dann hören Sie das Telefongespräch zweimal an. Versuchen Sie das erste Mal, den Sinn des Gesprächs zu verstehen. Das zweite Mal kreuzen Sie an, ob das Wort in der Liste in Verbindung mit Axel oder mit Anita steht. Aber bitte aufpassen: Einige Wörter beschreiben vielleicht beide oder niemanden.

Vokabeln

die Adria   Adriatic Sea
reiselustig   *(adj.)* eager to travel
unternehmungslustig   enterprising
vielseitig   multifaceted
die Begegnung   encounter
anstrengend   challenging, difficult
ausgeglichen   well-rounded/balanced
zur Abwechslung   for a change of pace
zum Ausgleich   to achieve balance
der Großstadtstress   stress of urban life
sich mit etwas aus·kennen   to be familiar with something
kinderlieb   fond of children
sich mit etwas beschäftigen   to occupy oneself with something
sich großartig angeben   to show off, put on airs

Eigenschaften/Aktivitäten	Axel	Anita	niemand
reitet	☐	☐	☐
geht Windsurfing	☐	☐	☐
fotografiert	☐	☐	☐
Filmemacher(in)	☐	☐	☐
Designer(in)	☐	☐	☐
will heiraten	☐	☐	☐
reiselustig	☐	☐	☐
liebt Fremdsprachen	☐	☐	☐
romantisch	☐	☐	☐
Fotomodell	☐	☐	☐
sportlich	☐	☐	☐
Angeber(in) *(showoff)*	☐	☐	☐
will sich im Café treffen	☐	☐	☐
emigriert nach Italien	☐	☐	☐

Eigenschaften/Aktivitäten	Axel	Anita	niemand
liebt die Adria	☐	☐	☐
fährt Rad	☐	☐	☐
höchst intelligent	☐	☐	☐
geht barfuß am Strand	☐	☐	☐
sieht sich gern den Sonnenuntergang an	☐	☐	☐
liebt exotische Orte	☐	☐	☐

B. Werden sich Axel und Anita überhaupt treffen? Wenn schon, werden sie sich weiterhin noch so großartig angeben, wie sie es anscheinend im Internet getan haben? Geben Sie Gründe dafür oder dagegen an.

_____

_____

_____

_____

_____

_____

_____

_____

_____

_____

_____

_____

_____

_____

_____

_____

_____

_____

_____

Hörverständnis 1: *Wetten, dass …?*

Herzlich willkommen zu der beliebten Fernsehsendung *Wetten, dass …?* mit Thomas Gottschalk als Moderator und einem Pop-Sänger als Gast. Jeden Monat sind wir dabei in einer anderen Stadt – und heute kommt die Sendung zu Ihnen live aus Leipzig!

A. Hören Sie sich das Gespräch an und kreuzen Sie die Vokabeln an, die Sie dabei hören.

☐ willkommen	☐ Christine	☐ schaffen	☐ gefunden
☐ Leipzig	☐ Christiane	☐ Lied	☐ zweimal
☐ Beethoven	☐ auswendig *(by heart)*	☐ leid	☐ geblieben
☐ zu Hause	☐ ab·wechseln *(to take turns)*	☐ weinen	☐ wohnen
☐ Superstar	☐ auf·schreiben	☐ lieben	☐ unglaublich
☐ um·stellen	☐ Wort	☐ grausam *(cruel)*	☐ verboten
☐ vor stellen	☐ schlafen	☐ traurig *(sad)*	☐ glauben

B. Schreiben Sie jetzt mit Vokabeln von **Aufgabe A** drei Aussagen über die Szene auf – entweder, was die Leute gesagt haben, oder einfach etwas darüber, was Sie interessant gefunden haben.

1. _____

2. _____

3. _____

C. Was ist die korrekte Reihenfolge für die Wörter in den folgenden Satzteilen? Schreiben Sie die Sätze genauso, wie Sie sie im Gespräch hören, und dann unterstreichen Sie das Subjekt in jedem Satzteil.

1. unser Stargast / wird / entscheiden / ob / sie / können / tun / es

   _____

2. … dass / wir / können / auswendig / jedes Lied / von den Prinzen

   _____

3. … dann / die Wette / ist / dass / ihr / müsst / küssen / euch

   _____

4. Natürlich / ein / Deutscher / hat / erfunden / *Wetten, dass …?*

   _____

5. keiner / der / hat / je *(ever)* / gesehen / mich / hätte / geglaubt / es

   _____

Hörverständnis 2: *Mal nach München*

Claudia ist letzte Woche zum allerersten Mal nach München gefahren. Sie hat sich sehr darauf gefreut und jetzt will sie ihrer Mutter erzählen, was alles passiert ist.

A. Zuerst lesen Sie die folgende Liste, dann hören Sie sich das Gespräch an und markieren die Partizipien, die Sie im Gespräch hören.

☐ angerufen ☐ genommen ☐ getrunken

☐ geworden ☐ gefahren ☐ geblieben

☐ gewollt ☐ herumgelaufen ☐ verkauft

☐ erzählt ☐ eingekauft ☐ hineingegangen

☐ gestellt ☐ gesucht ☐ gemacht

☐ gesetzt ☐ gefragt ☐ spazieren gegangen

☐ losgefahren ☐ gefunden ☐ gesehen

☐ angekommen ☐ gewesen ☐ gesprochen

☐ gestanden ☐ gegessen ☐ gekauft

☐ gelassen

B. Hören Sie sich das Gespräch noch einmal an; danach nehmen Sie einige von den Verben auf der Liste und schreiben Sie Aussagen im Perfekt über Claudias Besuch in München.

BEISPIEL Sie nehmen: *gesucht.* Im Gespräch hatte das mit „*Mittagessen*" und „*Restaurant*" zu tun.

Sie schreiben also: *Claudia hat zum Mittagessen ein gutes Restaurant gesucht.*

1. _____

_____

2. _____

_____

3. _____

_____

4. _____

_____

4

Hörverständnis: *Artikel oder kein Artikel, das ist die Frage*

Oft gebraucht man die Artikel im Deutschen wie im Englischen – aber oft auch nicht. Manchmal sagt man auf Englisch **ein,** wo man im Deutschen **das** sagt; manchmal braucht man auf Deutsch keinen Artikel, wo Englisch einen braucht.

A. Jetzt hören Sie fünf Mini-Gespräche. Hören Sie gut zu, lesen Sie die Substantive unten für jedes Gespräch und schreiben Sie den Artikel, den Sie davor hören, auf. Wenn es keinen Artikel davor gibt, schreiben Sie ein **X.** (**AUFPASSEN:** Für einige Substantive gibt es zwei mögliche Antworten.)

Vokabeln

der Typ   *here: guy (slang)*
der Wahnsinn   craziness
ironisch   sarcastic
'runterputzen   to ridicule, demean
verschieden   different
nuscheln   to mumble

BEISPIEL   Sie lesen „_____ Flöte".

Sie hören im Gespräch; „Aber ich kann doch Flöte spielen."

Schreiben Sie also: „_____**X**_____ Flöte".

Gespräch 1: *Ein Interview zur Bewerbung beim Außendienst* (foreign service)

a. _____ Universität

b. _____ Islam

c. _____ / _____ Schweiz

d. _____ USA

e. _____ / _____ Iran

Gespräch 2: *Kommst du mit ins Kino?*

a. _____ / _____ Katrin

b. _____ Bus

c. _____ Abendessen

d. _____ Klaus

e. _____ Arbeit

Gespräch 3: *Ja, aber können Sie gut spielen?*

a. _____ Geige

b. _____ Klavier

c. _____ Schule

d. _____ Garage

e. _____ Gitarre

Gespräch 4: *Und wie ist es bei dir?*

a. _____ / _____ / _____ Eltern

b. _____ Vater

c. _____ Beamter

d. _____ Urlaub

e. _____ Hund

Gespräch 5: *O je, dieser Professor!*

a. _____ Typ

b. _____ / _____ Professoren

c. _____ / _____ Bücher

d. _____ Student

e. _____ Uni

B. Hören Sie sich die Gespräche noch einmal an und markieren Sie die Sätze unten als richtig oder falsch.

	richtig	falsch
1. Beate interessiert sich sehr für den Nahen Osten.	☐	☐
2. Zuerst ist Beate für die USA, dann aber dagegen.	☐	☐
3. Wenn Markus Überstunden macht, muss er mit seinem Auto nach Hause fahren.	☐	☐
4. Der junge Musiker spricht von vier Instrumenten, die er spielen kann.	☐	☐
5. Dieser Musiker spielt seit zwei Jahren Trompete.	☐	☐
6. Beide Studenten in *Gespräch 4* sind neu an der Uni.	☐	☐
7. Der Student kennt den Bruder der Studentin.	☐	☐
8. Gabis Professor für Althochdeutsch ist vielleicht intelligent, aber seine Einstellung *(attitude)* gefällt ihr nicht.	☐	☐

5

Hörverständnis: *Was haben sie denn gesagt?*

Sie hören fünf kurze Szenen – manchmal mit zwei Leuten, manchmal nur mit einer Person. Bevor Sie sich jede Szene anhören, lesen Sie hier die Fragen dazu. Dann hören Sie sich die Szene an. Wenn die Szene zu Ende ist, stoppen Sie die Aufnahme *(pause the recording)*. Antworten Sie auf die Fragen für die Szene und dann beginnen Sie mit der nächsten.

Szene A

1. Schreiben Sie diese Sätze vom Gespräch fertig.

    a. Manni fehlt _____ ganz dringend *(desperately)* _____ Geld!

    b. _____ fehlt es ja auch _____ Geld, aber ich ...

    c. ... , dann passiert _____ was Schreckliches!

    d. Das nützt mir _____ .

2. Richtig oder falsch?

    _____ a. Der Vater von Lola kennt Manni nicht.

    _____ b. Die andere Frau im Gespräch will auch etwas Geld von Lolas Vater.

    _____ c. Lola ist dankbar für alles, was ihr der Vater geben kann, egal *(regardless of)* wie viel.

Szene B

1. Eine von den Frauen, die hier sprechen, hat ☐ vier Kinder. ☐ zwei Kinder.

2. „Es ist mir eingefallen." = ☐ Ich habe mich gerade daran erinnert.

    ☐ Ich habe es gerade vergessen.

    ☐ Ich habe es fallen lassen.

3. Welche vier Dativverben hören Sie hier im Gespräch?

    ☐ genügen   ☐ ähneln

    ☐ passen   ☐ schaden

    ☐ raten   ☐ schmeicheln

    ☐ gehorchen   ☐ imponieren

    ☐ nutzen

Szene C

1. Mit wem hat Max gerade vor einem Büro gesprochen? ☐ mit Klaus ☐ mit Hans

2. „Dem bin ich begegnet." = ☐ Ich habe ihn von weitem (*from far away*) gesehen.

   ☐ Ich habe ihn getroffen (*met*).

   ☐ Ich hatte etwas gegen ihn.

Szene D

1. „Sie hat mir widersprochen." = ☐ Sie hat etwas gegen meine Aussage gesagt.

   ☐ Sie hat noch einmal gesagt, was ich gesagt habe.

   ☐ Sie hat alles falsch gesagt, was sie sagen wollte.

2. Schreiben Sie einen Satz aus dieser Szene, in dem Sie das Wort **passieren** benutzen.

   _____

   _____

Szene E

1. „Es ist mir gelungen." = ☐ Es ist problematisch.

   ☐ Ich bin noch nicht fertig.

   ☐ Ich habe es erfolgreich (*successfully*) gemacht.

2. Markieren Sie (X) das Element bei jedem Paar, das Sie im Gespräch mit dem ersten Wort oder der ersten Wortgruppe hören.

   a. großes _____ Küche

   _____ Wohnzimmer

   b. Ich habe ... geraten _____ Ihnen

   _____ Sie

   c. neben _____ die Küche

   _____ der Küche

   d. entspricht _____ meine Wünsche

   _____ meinen Wünschen

6

Hörverständnis 1: *Der Eurovision Song Contest*

Daniela und Andreas sind beide Studenten und wohnen jetzt zusammen in einer neuen WG. Das heißt, sie kennen einander ein bisschen – aber nicht besonders gut. Heute war ein langer Tag, und jetzt wollen sich beide nach dem Abendessen entspannen und vielleicht fernsehen. Aber welches Programm? Für Andreas ist das keine Frage: Das Finale vom Eurovision Song Contest läuft gerade, und er ist ein großer Fan. Aber Daniela sieht das ein bisschen anders. ...

A. Hören Sie sich das Gespräch an, und kreuzen Sie die Information an, die Sie dabei hören. (Tipp: Alle diese Informationen sind korrekt, aber nicht alle kommen im Gespräch vor (*appear*)!)

1. ☐ Der Eurovision Song Contest hat 1956 angefangen.

2. ☐ Frankreich hat fünfmal gewonnen.

3. ☐ Die Schweiz hat zweimal gewonnen.

4. ☐ Österreich hat nur einmal gewonnen.

5. ☐ Alle Zuschauer (*viewers*) dürfen wählen (*vote*), aber nur für Gruppen aus anderen Ländern, nicht für die Gruppe aus ihrem eigenen Land.

6. ☐ 2012 war der Contest in Düsseldorf.

7. ☐ Immer mehr europäische Länder machen beim Contest mit.

8. ☐ Die Gruppen dürfen in jeder Sprache singen, aber die meisten Gruppen singen auf Englisch.

9. ☐ ABBA hat 1974 für Schweden gewonnen.

10. ☐ 2014 war der Contest in Dänemark.

B. Hören Sie sich das Gespräch noch einmal an, und achten Sie (*pay attention*) besonders auf folgende Sätze und Satzteile. Welche Präposition benutzen die Sprecher in diesen Beispielen? Schreiben Sie die Präpositionen, Artikel und Endungen, die Sie hören, in die Lücken.

1. _____ Fernsehen

2. _____ d____ Aufführung

3. _____ ein____ Telefonanruf

4. _____ d____ ander____ Länder

5. _____ jed____ ander____ Land

6. _____ d____ Schweiz

7. _____ die Bühne

8. _____ der Bühne

9. _____ Finale

10. _____ Jahr 1974

C. Nehmen Sie drei Phrasen aus Teil B und schreiben Sie damit drei komplette Sätze mit Information aus dem Dialog.

1. _____

2. _____

3. _____

Hörverständnis 2: *Präpositionen*

Sie hören jetzt Kombinationen von kurzen Sätzen – zuerst den Satz, den Sie unten finden, und dann drei andere. Unter *(Among)* diesen anderen Sätzen (**a**, **b** und **c**) gibt es nur einen Satz, der dieselbe Bedeutung wie der erste Satz hat. Markieren Sie den richtigen Buchstaben für diesen Satz. Sie hören Sätze **a**, **b** und **c** zweimal.

BEISPIEL Sie lesen und hören: „Das kleine Mädchen macht für die alte Frau die Tür auf."

Sie hören:

    a. Der alten Frau hat das kleine Mädchen die Tür aufgemacht.

    b. Vor der alten Frau hat das kleine Mädchen die Tür aufgemacht.

    c. Vor dem kleinen Mädchen hat die alte Frau die Tür aufgemacht.

Sie wissen, dass **für** hier fast identisch mit dem Dativ ist, also markieren Sie **a**.

	a	b	c
BEISPIEL	☒	☐	☐
1. Die Kaffeemaschine ist leider außer Betrieb.	☐	☐	☐
2. Michael sagte, er bleibt wegen seiner Arbeit in der Bibliothek.	☐	☐	☐
3. Meine Freunde bleiben bis nächsten Dienstag bei uns.	☐	☐	☐
4. Der Mann war gegen drei Uhr im Geschäft.	☐	☐	☐
5. Karl ist vor uns gelaufen.	☐	☐	☐
6. Außer ihm saßen nur drei Leute im Restaurant.	☐	☐	☐
7. Der Bank gegenüber findet man ein interessantes Museum.	☐	☐	☐
8. Heute esse ich zu Mittag bei Ralf.	☐	☐	☐
9. Trotz des Eintrittspreises gehe ich mit ins Kino.	☐	☐	☐
10. Im Sommer fahren wir mit einer Gruppe nach Deutschland.	☐	☐	☐
11. Sie gingen nach dem Konzert zu Fuß durch die Stadt.	☐	☐	☐
12. Dem Chef nach geht es der Firma gut.	☐	☐	☐
13. Diese Frau ist schon seit zehn Jahren Pilotin.	☐	☐	☐
14. Er ist schon seit gestern bei uns zu Hause.	☐	☐	☐
15. Die Familie Borchert ist vorgestern aus Heidelberg gekommen.	☐	☐	☐
16. *Die Physiker* ist ein Drama von Friedrich Dürrenmatt.	☐	☐	☐

Hörverständnis 1: *Alles für die Liebe*

Markus und Dorothea sind seit sieben Monaten in einander verliebt – oder so haben sie zumindest gedacht. Seit den letzten paar Wochen aber sieht die Beziehung *(relationship)* nicht mehr so rosig aus. Eines Tages beginnt ein langes Gespräch für die beiden.

A. Lesen Sie zuerst die Liste von Negationsvokabeln unten, dann hören Sie sich das Gespräch an. Kreuzen Sie die Vokabeln an, die Sie im Gespräch hören.

Vokabeln

klamüsern   to sort out; *here:* to explain in detail, bit by bit
schweigsam   quiet; *here:* unresponsive
etwas aufs Tapet bringen   to bring something out into the open
'rum·moppern   *(slang)* to gripe, grumble

☐ nicht   ☐ gar nicht

☐ nicht mehr   ☐ kein- ... mehr

☐ ich nicht   ☐ gar kein-

☐ überhaupt nicht   ☐ nie

☐ lieber nicht   ☐ noch nicht

☐ niemals   ☐ nicht einmal

☐ kein-   ☐ keinesfalls

☐ nirgends   ☐ niemand

☐ ich ... auch nicht   ☐ überhaupt nichts

B. Stellen Sie sich vor *(Imagine)*, Markus und Dorothea gehen jetzt nach Hause und setzen sich allein an einen Tisch. Die beiden schreiben eine Liste von ihren Beschwerden *(complaints)* auf, wie in dem Gespräch. Hören Sie sich das Gespräch noch einmal an und schreiben Sie unten auf, was Markus oder Dorothea auf seine oder ihre Liste schreibt. Schreiben Sie mindestens fünf Beschwerden auf. Verwenden Sie **nicht, kein-** oder andere Negationsvokabeln.

1. _____

2. _____

3. _____

4. _____

5. _____

Hörverständnis 2: *Urlaubspläne*

Frau Hubner will Urlaubspläne für ihre Familie machen und telefoniert mit einem Reisebüro. Sie ist aber nicht nur wählerisch, sondern auch sehr vorsichtig mit ihrem Geld. Daher hat sie Schwierigkeiten, das richtige Angebot zu finden.

A. Lesen Sie zuerst die Aussagen. Hören Sie sich dann das Gespräch zweimal an. Versuchen Sie das erste Mal den Sinn des Gesprächs zu verstehen. Das zweite Mal kreuzen Sie an, ob **Frau Hubner** oder **Herr Schmidt** die Aussage gemacht hat.

		Frau Hubner	Herr Schmidt
1.	Mich interessieren also **nicht nur** die Billigflüge für Familien.	☐	☐
2.	Gibt es denn **keine** günstigen Flüge nach Marokko?	☐	☐
3.	Das kann ich mir ja **gar nicht** vorstellen!	☐	☐
4.	Da ist **kein** Programm mit dabei.	☐	☐
5.	... denn die günstigen Tarife gibt es wahrscheinlich **nicht** viel länger.	☐	☐
6.	**Nee,** meine Kinder sind fünfzehn und elf.	☐	☐
7.	Aber Verpflegung ist dabei, na also, **nicht** so wie bei den Familienflügen?	☐	☐
8.	**Nee nee nee** – ich sprech' **nicht** vom Flug, ich sprech' vom Hotel.	☐	☐
9.	Die gibt es **nicht** nach Marokko.	☐	☐
10.	O Gott, **nein, b l o ß nicht.**	☐	☐
11.	Seitdem geh' ich **nie wieder** an Bord eines Schiffes.	☐	☐
12.	Das versteh' ich jetzt **überhaupt nicht.**	☐	☐
13.	Ja, aber eben **nicht** nach Marokko.	☐	☐
14.	Wieso kann man das **nicht** kombinieren?	☐	☐
15.	Ja, aber ich will ja auch **nicht** nach Disneyland oder in die Kanarischen Inseln buchen oder so.	☐	☐

B. Schreiben Sie in 3–4 Sätzen die Probleme auf, die Frau Hubner mit dem Angebot des Reisebüros hat. Benutzen Sie dabei mindestens vier verschiedene Negationsausdrücke (**nicht, kein, nicht nur, weder ... noch** usw.) aus dem **Wortschatz** in diesem Kapitel.

_____

_____

_____

_____

_____

_____

Hörverständnis: *Geklaut!*

In der Nacht von Samstag auf Sonntag ist einer jungen Studentin in Berlin das Geld aus der Tasche gestohlen worden. Aber wie – und von wem? Hören Sie bei den Untersuchungsgesprächen zu, während fünf Leute ihre Geschichten erzählen – die Frau, die das Geld verloren hat, und vier Leute, die zu dieser Zeit mit ihr zusammen waren. Dann entscheiden Sie, wer wohl das Geld geklaut hat oder es klauen konnte.

Hören Sie gut zu, so oft Sie wollen. Sie können sich dabei für die Alibis Notizen *(notes)* machen, wenn Ihnen das eine Hilfe ist.

Vokabeln

gewiss   *here:* particular
auf·passen + auf   to pay attention to
achten + auf   to pay attention to
fest·stellen   to realize
einen Trinken gehen   to go for a drink

enttäuschend   disappointing
anschließend   following/after that
zirka   approximately

zwei andere Typen   two other guys
'rumgestanden   was standing around (with nothing to do)
sicherlich   of course

die Menschenmenge   crowds of people
sich unterhalten   to engage in conversation, converse

die Krankenschwester   nurse
eigentlich   actually
verlassen   to leave
'rauf·kommen   to come up *(here:* to the apartment)

Notizen (pl.)

Nr. 1: _____

_____

_____

_____

Nr. 2: _____

_____

_____

_____

Nr. 3: _____

_____

_____

_____

Nr. 4: _____

_____

_____

Nr. 5: _____

_____

_____

_____

Was meinen Sie?

Nun haben Sie alles gehört. Was glauben Sie: Wer hat Margits Geld wohl geklaut? Hören Sie sich die Gespräche noch einmal an, wenn Sie wollen; denken Sie über die Alibis nach und finden Sie die Lücken dabei. Eine der fünf Personen erzählt nicht ganz die Wahrheit, das heißt, erzählt ein bisschen etwas anderes als die anderen vier Leute. Wenn Sie wissen, wer das ist, schreiben Sie die Antwort und Ihre Gründe dafür auf.

1. Wer hat das Geld gestohlen?

_____

2. Was sind Ihre Gründe (reasons) für diese Entscheidung?

_____

_____

_____

_____

_____

9

Hörverständnis 1: *Was soll ich studieren?*

Zwei Leute treffen sich in einem Café und fangen an, über ihr Studium im kommenden Jahr zu sprechen. Welches Hauptfach soll man wählen? Was kann man damit später machen?

A. Hören Sie sich den Dialog an. Welche Elemente von der Liste kommen im Dialog vor? Kreuzen Sie sie an!

☐ Webseite   ☐ Soziologie   ☐ Physik

☐ Hamburg   ☐ Psychologie   ☐ Zahnmedizin

☐ Vorlesungen/Seminare   ☐ Übersetzungswissenschaft   ☐ Medizin
(translation studies)

☐ Wohnheim   ☐ Staatsexamen

☐ WG (Wohngemeinschaft)   ☐ Italienisch   ☐ 10 Semester

☐ Kuchen/Torte   ☐ klassische Archäologie   ☐ 12 Semester

☐ klassische Kunsttheorie

B. Hören Sie sich das Gespäch noch einmal an, und achten Sie *(pay attention)* besonders auf die Stichworte unten und die Modalverben, die Sie in Verbindung *(connection)* mit diesen Wörtern hören. Dann schreiben für jedes Stichwort einen Satz mit Informationen aus dem Dialog, und benutzen Sie dabei das Modalverb, das Sie im Kontext gehört haben.

1. Cappuccino [der]: _____

2. Heidelberg: _____

3. etwas Praktisches: _____

4. Soziologie: _____

5. Russisch: _____

6. Zahnarzt werden: _____

7. Semester: _____

8. versprechen: _____

C. Schreiben Sie in Ihren eigenen Worten drei Aussagen über den Dialog mit den angegebenen *(specified)* Modalverben.

1. müssen

_____

2. sollen

_____

3. können

_____

Hörverständnis 2: *Die Erbschaft*

Hartmut von Hinkelstein und Ursula von Hinkelstein sind Sohn und Tochter der sehr reichen Familie von Hinkelstein. Ihre Eltern sind gerade gestorben und jetzt bekommen die Kinder eine große Erbschaft *(inheritance)*. Heute also müssen die zwei Kinder entscheiden, wer was von dem Familienbesitz *(family possessions)* bekommt. Alles zu teilen *(divide)* ist aber nicht so einfach.

Hören Sie sich das Gespräch an und markieren Sie unten, wer was bekommt. Achten Sie dabei auf die Modalverben!

Vokabeln

kriegen bekommen
Mieze nickname for a cat

Gegenstand	Ursula	Hartmut	nicht sicher
Rolex-Uhr	☐	☐	☐
Haus in den Alpen	☐	☐	☐
Haus in Monte Carlo	☐	☐	☐
Goethe-Sofa	☐	☐	☐
Esstisch	☐	☐	☐
Jaguar	☐	☐	☐
Mercedes	☐	☐	☐
Tiffany-Lampe	☐	☐	☐
Vase vom Kaiser	☐	☐	☐
Picasso-Bild	☐	☐	☐
Bild von Elvis	☐	☐	☐
Shakespeare-Manuskripte	☐	☐	☐
Gutenberg-Bibel	☐	☐	☐
Katze	☐	☐	☐

10

Hörverständnis 1: *Die Einladung*

Herr und Frau Bieske sind auf eine Festveranstaltung (*gala*) im Stadtmuseum eingeladen, nämlich die Eröffnung (*opening*) der großen Dürer-Ausstellung (*exhibit*). Eigentlich haben sie gar keine Lust dazu, aber sie sind schon unterwegs im Auto und sprechen über die Situation.

A. Hören Sie sich das Gespräch im Auto an. Dann entscheiden Sie, ob die Sätze unten richtig oder falsch sind.

	richtig	falsch
1. Die Veranstaltung findet am Samstagabend statt.	☐	☐
2. Herr Bieske fährt das Auto.	☐	☐
3. Frau Bieske kennt die Leute, die die Veranstaltung organisiert haben, besser als Herr Bieske sie kennt.	☐	☐
4. Sie sprechen über eine Veranstaltung, die sie vor drei Wochen besucht haben.	☐	☐
5. Damals ist Herr Bieske nach Hause gefahren.	☐	☐
6. Herr und Frau Bieske trinken Champagner in der Lobby.	☐	☐

B. Hören Sie sich das Gespräch noch einmal an und finden Sie fünf Beispiele von Reflexivverben. Schreiben Sie die Sätze vom Gespräch mit diesen Verben auf. Stoppen Sie die Aufnahme, während Sie schreiben.

BEISPIEL Sie hören „*sich amüsieren*" in einem Satz, also schreiben Sie den Satz aus dem Gespräch: „ *Du wirst dich heute Abend amüsieren*".

1. _____

2. _____

3. _____

4. _____

5. _____

Hörverständnis 2: *Das Jobinterview*

Gerhard Eißler will einen Job – sofort *(immediately)*! Neulich hat er im Internet eine Stellenanzeige *(job ad)* gelesen und seinen Lebenslauf *(résumé)* an die Firma hingeschickt. Heute ist er beim Interview.

A. Zuerst lesen Sie die Liste von dem, was der Firma wichtig ist. Dann hören Sie sich das Interview an und markieren Sie, welche von diesen Eigenschaften *(qualities)* Gerhard hat.

☐ kommt aus Norddeutschland   ☐ arbeitet gern und lang

☐ kann sich schnell anpassen   ☐ will viel reisen

☐ hat studiert   ☐ hat gute Referenzen

☐ stabil (bleibt lange bei einer Firma)   ☐ kann schnell eine Entscheidung treffen

☐ hat Computer gern   ☐ weiß viel über Technik

☐ könnte in Berlin wohnen   ☐ hat eine Frau und Kinder

☐ fliegt gern   ☐ hat Spaß

☐ enthusiastisch   ☐ realistisch

B. Hören Sie noch einmal zu und entscheiden Sie: Wenn Sie die Frau wären, würden Sie Gerhard den Job geben oder nicht? Und Ihre Gründe dafür?

Ihm den Job geben: _____   Ihm den Job *nicht* geben: _____

Ihre Gründe *(reasons)*: _____

_____

_____

Hörverständnis: *Ein kleiner Krimi*

Es war ein warmer Sommerabend. Simone Müller war allein im Haus, da kam ein Dieb *(thief)* mit einem Messer. Aber hier ist nicht die Frage, *wer* es gemacht hat, sondern *wie* Simone später davon erzählt.

A. Hören Sie jetzt zu, während Simone mit einem Polizisten darüber spricht, und markieren Sie, welche Verbformen Sie hören. Ist das Verb mit **zu** oder ohne **zu**, mit Doppelinfinitiv oder mit Partizip?

Was hat die Frau gesagt?

1. ☐ aufzumachen
   ☐ aufgemacht

2. ☐ vorbeizukommen
   ☐ vorbeigekommen

3. ☐ vorbeifahren
   ☐ vorbeizufahren

4. ☐ angehalten
   ☐ anhalten

5. ☐ die Polizei anzurufen
   ☐ die Polizei angerufen

6. ☐ alle Lichter auszumachen
   ☐ alle Lichter ausmachen

7. ☐ zu meinem Haus ... sehen
   ☐ zu meinem Haus ... gesehen

8. ☐ sein Gesicht zu sehen
   ☐ sein Gesicht gesehen

9. ☐ zum Telefon zu gehen
   ☐ zum Telefon gehen

10. ☐ die Polizei ... gelassen
    ☐ die Polizei ... lassen

B. Jetzt wissen Sie, was diese arme Frau alles erlebt hat. Aber glauben Sie ihr? Mindestens dreimal hat sie sich in ihrer Aussage widersprochen *(contradicted)*. Können Sie drei Widersprüche finden?

1. _____

_____

_____

_____

2. _____

_____

_____

_____

3. _____

_____

_____

_____

Hörverständnis 1: *Auf in den Urlaub!*

Die Familie Hertel plant schon seit Monaten eine Reise nach Marokko und heute sollte es losgehen. Die Fahrt zum Flughafen sollte in einigen Minuten beginnen, aber alles ist noch nicht fertig. Hier besprechen sie die Frage: Was muss noch getan werden?

A. Hören Sie dem Gespräch einmal zu, um alles zu verstehen. Dann hören Sie noch einmal zu und ergänzen Sie *(complete)* die Tabelle unten.

BEISPIEL Sie lesen „*Kaffeemaschine*".
Sie hören, dass die Kaffeemaschine schon abgeschaltet worden ist.
Also würden Sie „*Schon getan*" auf der Tabelle markieren.

Was?	Schon getan	Wird jetzt getan	Muss noch getan werden
Kaffeemaschine	☒	☐	☐
Garage/sauber machen	☐	☐	☐
Essen/Kühlschrank	☐	☐	☐
Pässe *(passports)*	☐	☐	☐
Sonnenbrillen	☐	☐	☐
Jacke	☐	☐	☐
Badeanzüge	☐	☐	☐
Fenster	☐	☐	☐
Licht im Keller	☐	☐	☐
Fernseher/Stereo	☐	☐	☐
Bad/Toilette	☐	☐	☐
Warnsystem	☐	☐	☐

B. Der Vater hat ein Problem mit den **Autoschlüsseln**, wie Sie gerade gehört haben, und drückt dieses Problem aus mit zwei Alternativen zum Passiv. Wie sagt er das?

1. _____

2. _____

C. Glücklicherweise hat der Vater die Autoschlüssel gefunden; „ ... die waren die ganze Zeit im Zündschloss!"

Raten Sie mal, was **Zündschloss** bedeutet: _____

Hörverständnis 2: *Nur nicht Passiv!*

Wie Sie im *Handbuch* gelesen haben, gibt es einige Alternativen zum Passiv. In dieser Aufgabe lesen Sie und hören Sie Sätze beider Art *(of both kinds)* – mit Passiv und mit den Alternativen dazu.

Lesen Sie jeden Satz unten. Für jeden Satz hören Sie dann drei Versionen vom Satz, mit oder ohne Passiv. Sie hören diese Versionen zweimal. Entscheiden Sie, welche Version die Information des geschriebenen Satzes am besten wiedergibt.

	a	b	c
1. Man schickte ihm den Brief schon vor einigen Tagen.	☐	☐	☐
2. Georg braucht etwas Hilfe.	☐	☐	☐
3. Darüber lässt sich später entscheiden.	☐	☐	☐
4. Hat man diese Autos in Amerika oder in Japan hergestellt?	☐	☐	☐
5. Man lässt diese Studentenheime renovieren.	☐	☐	☐
6. Es gibt heute Abend eine Feier *(celebration)*!	☐	☐	☐
7. Man sollte doch der Frau zu ihrem Erfolg *(success)* gratulieren.	☐	☐	☐
8. Bin ich aber froh, dass der Computer-Virus entdeckt worden ist!	☐	☐	☐

Hörverständnis 1: *Ein neues Haus*

Ein eigenes Haus – das ist der Traum von Herrn und Frau Schäl, denn sie haben jetzt so viele Möbel, dass sie mehr Platz brauchen als in der alten Wohnung. Heute sprechen sie darüber mit einer Maklerin *(real estate agent)*.

A. Hören Sie sich das Gespräch an. Sind die Aussagen über die neuen Häuser richtig oder falsch?

Vokabeln

der Reiz charm
riesig huge
der Flur hallway
die Nachbarschaft neighborhood

der Lärm noise
der Kamin fireplace
das Gerümpel clutter

	richtig	falsch
1. Das erste Haus, das sie sehen, hat ein kleines Wohnzimmer.	☐	☐
2. In dem weißen Haus gibt es kein Esszimmer.	☐	☐
3. Die Nachbarschaft vom zweiten Haus ist ruhiger als die vom ersten.	☐	☐
4. Das zweite Haus ist ein ganz altes Haus mit einem Kamin.	☐	☐
5. Der Kamin gefällt Herrn Schäl nicht.	☐	☐
6. Das dritte Haus gefällt Frau Schäl besonders gut.	☐	☐
7. Das moderne Haus hat eine Garage für zwei Autos.	☐	☐

B. In diesem Gespräch haben Sie viele Adjektivaussagen gehört (z.B. **ein gemütliches Wohnzimmer**). Hören Sie jetzt wieder zu, finden Sie die Adjektive unten in dem Gespräch und schreiben Sie eine Phrase, in der Sie das Adjektiv gehört haben.

1. groß: _____

2. klein: _____

3. viel: _____

4. alt: _____

5. riesig: _____

6. teuer: _____

Hörverständnis 2: *L. L. Bohne*

Während der nächsten vier Minuten arbeiten Sie am Telefon bei einem Versandhaus *(catalog retailer)*. Einige Kunden *(customers)* werden Sie anrufen und alles bestellen, was sie aus dem Katalog wollen – Hemden, Hosen, Jacken, Socken, Schuhe, Pullover und natürlich kleine Messer aus der Schweiz.

A. Hören Sie zu und notieren Sie, was die einzelnen Kunden bestellen – mit Farbe, Anzahl *(number)* und Größe, natürlich.

Kunde 1: _____

_____

_____

Kunde 2: _____

_____

_____

Kunde 3: _____

_____

_____

Kunde 4: _____

_____

_____

Kunde 5: _____

_____

_____

B. Jetzt sind Sie fertig und die Firma will wissen, was Sie verkauft haben. Schreiben Sie die Information mit **viel-, einig-, ein-** oder **kein-**; schreiben Sie auch die richtigen Adjektive dazu.

BEISPIEL   Pullover: *einige blaue Pullover*

Hemden: _____

Hosen: _____

Jacken: _____

Schuhe: _____

Socken: _____

Pullover: _____

Messer: _____

14

Hörverständnis 1: *Wie ich den Mauerbau erlebt habe …*

Alle Deutschen, die den Mauerfall 1989 erlebt haben, können sich bestimmt sehr gut an diesen Tag erinnern, und alle haben eine Geschichte zu erzählen, wie sie ihn erlebt haben. Seltener hört man jemanden davon berichten, wie es war, als die Mauer im Sommer 1961 in der Nacht vom 12. auf den 13. August gebaut wurde.

Hören Sie sich jetzt die Erinnerungen des Erzählers an. Passen Sie besonders auf die Adverbien auf, die die Reihenfolge der Aussagen in seiner Geschichte klarmachen. Dann ordnen Sie die Information unten nach der korrekten chronologischen Reihenfolge. Sie können die Geschichte so oft wiederholen, wie Sie wollen.

Vokabeln

der Bezirk   area, district
außerhalb   outside of
der Besitz   property, possession
der Boden   ground, property
der Lautsprecher   loudspeaker
unbestimmte Zeit   indefinitely
Verkehrsmöglichkeiten   transportation options
alle Stunde   once an hour
nichts tat sich   nothing happened
völlig   completely
umgeben   to surround
Verbindungen   connections
hermetisch abgeschlossen   hermetically sealed off
es ist bei mir eingebrochen   *(slang)* it finally hit me
die Ansage   announcement

Ordnen Sie die Fakten der Geschichte chronologisch, mit 1, 2, 3 usw.

_____ a. Aus dem Lautsprecher hörte er: „Bitte finden Sie andere Verkehrsmöglichkeiten ...“

_____ b. Das Konzert, auf dem er mit den Skifflebabys spielte, war vorbei.

_____ c. Er wartete auf den Bus.

_____ d. Der Mauerbau um West Berlin war gerade fertig.

_____ e. Er fuhr mit der S-Bahn zur Station Westkreuz.

_____ f. Der Zug, in dem er saß, blieb auf einmal stehen.

_____ g. Er hatte wieder Kontakt mit seiner Freundin.

_____ h. Es ist ihm schließlich klar geworden: Berlin war hermetisch abgeschlossen.

_____ i. Er ging ins Bett.

_1_ j. Mit der S-Bahn ist er nach Spandau gefahren.

_____ k. Er wachte auf und machte das Radio an.

Hörverständnis 2: *Hinter der Mauer*

Alex muss eine Arbeit über den Alltag (*everyday life*) damals in der DDR schreiben, aber alles, was er weiß, hat er aus Zeitungen und Büchern. Er will eine persönliche Perspektive und macht ein Interview mit Petra über ihre Erfahrungen.

Mauer (*wall*)

Geheimnis (*secret*)

verdienen (*earn*)

Medien (*media*)

„Trabi" (Trabant = *most common car in East Germany*)

knapp (*barely*)

IM (inoffizieller Mitarbeiter = *civilian collaborator*)

Stasi (Ministerium für Staatssicherheit = *East German secret police*)

Überraschung (*surprise*)

Klassenfeind (*class enemy*)

A. Hören Sie sich das Interview einmal an, um ein allgemeines (*general*) Bild davon zu bekommen. Es gibt fünf Fragen/Themen im Interview. Welches Thema stimmt in jedem Paar?

1. ☐ Familie
   ☐ Religion

2. ☐ Sport
   ☐ Schule

3. ☐ Medien
   ☐ Militär

4. ☐ ihre Rolle in der Protesten von 1989
   ☐ ihre Erfahrungen mit der Stasi

5. ☐ Was hat sie nach dem Mauerfall überrascht (*surprised*)?
   ☐ Was hat sie vor dem Mauerfall beunruhigt (*worried*)?

B. Hören Sie sich das Interview noch einmal an, und achten Sie (*pay attention*) besonders auf die Adverbien, die darin vorkommen. Kreuzen Sie die Adverbien auf der Liste an, die Sie hören.

☐ ganz

☐ oben

☐ relativ

☐ endlich

☐ schließlich

☐ erstaunlich

☐ bedauerlicherweise

☐ komischerweise

☐ davor

☐ danach

☐ teilweise

☐ dummerweise

☐ nachher

☐ danach

☐ damals

☐ schnell

☐ glücklicherweise

☐ oft

☐ auf einmal

☐ nie

☐ zuletzt

☐ überraschenderweise

C. Schreiben Sie Ihre Reaktion auf das Gespräch in 4-5 Sätzen. Was war für Sie besonders interessant oder neu? Welche Antworten haben Sie überrascht (*surprised*)? Benutzen Sie in Ihren Sätzen so viele von den Adverbien in Übung B wie möglich!

_____

_____

_____

_____

_____

_____

Hörverständnis 1: *Welche Stadt ist besser?*

Marie und Thomas wollen gemeinsam am kommenden Wochenende weg, um eine andere Stadt zu besuchen. Aber welche Stadt? Sie sprechen zuerst über die Städte, die sie schon besucht haben und vergleichen diese miteinander. Dann diskutieren sie über zwei Möglichkeiten fürs kommende Wochenende.

A. Hören Sie sich das Gespräch an, und kreuzen Sie alle korrekten Antworten an:

1. Marie und Thomas waren schon vorher in …

   ☐ Wien   ☐ Berlin   ☐ Zürich   ☐ Innsbruck   ☐ Freiburg (im Schwarzwald)

2. Das teuerste Hotel war in …

   ☐ Wien   ☐ Berlin   ☐ Zürich   ☐ Innsbruck   ☐ Freiburg (im Schwarzwald)

3. Die Frau meint, die besten Restaurants, Cafés und Geschäfte sind in …

   ☐ Wien   ☐ Berlin   ☐ Zürich   ☐ Innsbruck   ☐ Freiburg (im Schwarzwald)

4. Am kommenden Wochenende fahren sie dann doch nach …

   ☐ Wien   ☐ Berlin   ☐ Zürich   ☐ Innsbruck   ☐ Freiburg (im Schwarzwald)

B. Hören Sie sich das Gespräch noch einmal an, bis Sie die nötige (*necessary*) Information für die Lücken hören. Stoppen Sie die Aufnahme und schreiben Sie das fehlende Adjektiv (mit der korrekten Endung!) in die Lücke.

1. Wien hat mir _____ gefallen

2. Zürich hat _____ Restaurants

3. Das Hotel (in Zürich) war das _____ …

4. … und auch das _____

5. Könnten wir nicht ein _____ Hotel finden?

6. … vielleicht etwas _____ weg?

7. Ich hätte gern etwas, was ein bisschen _____ ist.

8. Aber du hast „etwas _____ " gemeint. Ich kenne dich doch!

9. Zürich hat den _____ Blick auf die Berge

10. Freiburg? Das ist nur für _____ Leute!

11. Du bist doch _____ als ich, oder?

12. Berlin ist noch viel _____ als der Schwarzwald.

13. Berlin hat _____ Restaurants, Cafés und Geschäfte.

14. Dann bin ich genauso _____ wie du.

Hörverständnis 2: *Reaktionen*

Unten finden Sie zehn Aussagen oder Fragen. Sie hören jede Aussage oder Frage dreimal, jedes Mal mit einer anderen Reaktion. Entscheiden Sie, welche Reaktion am besten ist, und markieren Sie **a, b** oder **c.**

	a	b	c
1. Wir sollten doch wenigstens eine Karte schicken, oder?	☐	☐	☐
2. Spätestens um drei sind wir da, denke ich.	☐	☐	☐
3. Bei uns ist es im Winter viel kälter als bei euch.	☐	☐	☐
4. Ich habe nur Zeit zwischen drei und vier Uhr.	☐	☐	☐
5. Wir können höchstens zwei Tage in den Bergen wandern.	☐	☐	☐
6. Der Chef sagte, er wollte mit mir ein längeres Gespräch haben.	☐	☐	☐
7. Die allerbesten Filme kommen doch aus Hollywood, oder?	☐	☐	☐
8. Der Junge ist ja verrückt – er fährt sein neues Auto immer schneller!	☐	☐	☐
9. Was machst du denn in deinen Kursen? Ich hab' zweimal so viele Bücher gelesen wie du!	☐	☐	☐
10. Am liebsten möchte ich dieses Mädchen einfach vergessen.	☐	☐	☐

16

Hörverständnis 1: *Erweiterte Partizipialkonstruktionen*

Im Deutschen ist es üblicher als im Englischen, lange, komplizierte Sätze zu sprechen, besonders in einer Nachrichtensendung im Radio.

A. Zuerst hören Sie den komplizierten Satz, so wie er im Radio gesprochen wird. Dann hören Sie drei oder mehr Sätze, von denen nur einer die Bedeutung des Originalsatzes hat. Kreuzen Sie den richtigen Buchstaben an. Sie hören jeden Satz zweimal.

Vokabeln

die Unterstützung   support
die Entwicklungshilfe   foreign aid for developing countries
die Gewerkschaft   trade union
Kürzungen   cutbacks
Sozialleistungen   social services
versteigern   to auction

	a	b	c
1. In der am Mittwoch gehaltenen Rede versprach der Bundespräsident deutsche Unterstützung für die Entwicklungshilfe.	☐	☐	☐
2. In seiner Rede vor der Deutschen Angestellten–Gewerkschaft unterstrich der Bundespräsident, man müsse mit Kürzungen der bisher erwarteten Sozialleistungen rechnen.	☐	☐	☐
3. Die wegen Sturmwetter verschobene Meisterschaft findet heute Nachmittag in dem Olympiastadion statt.	☐	☐	☐
4. Die vielen unbekannten Werke der bis vor kurzem in Rom lebenden Künstlerin werden am kommenden Freitag im Dorotheum versteigert.	☐	☐	☐
5. Die Firma hat eine seit mehr als 50 Jahren bestehende Beziehung zum Staat.	☐	☐	☐

B. Schreiben Sie für jeden Satz zwei einfachere Sätze ohne erweiterte Partizipialkonstruktion. Stoppen Sie die Aufnahme nach jedem Satz.

1. Helmut Kohl feierte die seit Adenauer längste Amtszeit.

_____

_____

2. Laut einem seit kurzer Zeit bestehenden Gesetz darf ein Kind nur noch einen Familiennamen haben.

_____

_____

3. Die Deutsche Bibliothek in Frankfurt hat die seit langer Zeit in New York ausgestellte Sammlung bekommen.

_____

_____

4. Die Bundesregierung will die seit Jahrzehnten vernachlässigten ostdeutschen Kulturstätten weiterhin unterstützen.

_____

_____

5. Die von Niederösterreich umgebene Hauptstadt Wien ist auch ein Bundesland.

_____

_____

Hörverständnis 2: *Was gibt's im Fernsehen?*

Herr und Frau Schmitz sitzen am Abend zu Hause, nur für sich allein. Aber was machen? Na klar: den Fernseher gleich anmachen und hinglotzen *(stare at)*. Welche Sendung aber? Das ist nicht so einfach.

Lesen Sie die Titel der Sendungen, die zu sehen sind. Dann hören Sie zu, während Herr und Frau Schmitz darüber sprechen. Welche Sendung passt zu den Details unten? Schreiben Sie den korrekten Buchstaben in die Lücke. Aber passen Sie auf: es gibt mehr Sendungen als Lücken. Sie können sich jede Beschreibung so oft anhören, wie Sie wollen.

Die Sendungen, über die Frau und Herr Schmitz sprechen, heißen so:

    a. *Mach Platz auf der Bank*

    b. *Frank ist 'raus*

    c. *Nacht der lebendigen Toten*

    d. *Hitparade*

    e. *Drogen? – Nein, danke!*

    f. *Sport am Montag*

1. _____ Man spricht mit einem Mann und mit einer Frau, die bald heiraten.

2. _____ Ein Mann – ein Krimineller – ist gegen den Mann, für den er früher gearbeitet hat.

3. _____ Ein Horrorfilm, in dem tote Menschen zurückkommen und andere Menschen auffressen *(devour)*.

4. _____ Ein Mann arbeitet zusammen mit einem Mann, den er gut kennt.

5. _____ Die Familie von Herrn Schmitz sieht diese Sendung sehr gern, wenn sie ihn besucht.

17

Hörverständnis 1: *Erlkönig*

Martin will wissen, wie man ein Gedicht vorliest, und bittet Mareike um Hilfe. Hören Sie zu, wie sie mit ihm darüber spricht, und wie die zwei zusammen an Goethes *Erlkönig* arbeiten. (Wenn Sie das Gedicht noch nicht gut kennen, wäre es bestimmt eine Hilfe, den Text zur Hand zu haben – aber nicht unbedingt (*absolutely*) notwendig.)

A. Hören Sie sich den Dialog an und entscheiden Sie, ob die Aussagen unten richtig oder falsch sind.

	richtig	**falsch**
1. Der Mann hat viel Erfahrung mit Literatur, daher will er das Gedicht von Goethe vorlesen (*read out loud*).	☐	☐
2. Er erinnert sich daran, dass er das Gedicht mal in der Schule gelesen hat.	☐	☐
3. Die Frau meint, das Gedicht ist schön, aber niemand kennt es heutzutage (*nowadays*).	☐	☐
4. Um das Gedicht richtig vorzulesen, braucht man mindestens drei Stimmen (*voices*).	☐	☐
5. Die Frau glaubt, der Vater und der Sohn haben beide Angst.	☐	☐
6. Die Frau erklärt dem Mann, was „Erlkönig" bedeutet.	☐	☐
7. Der Vater denkt, der Erlkönig ist nur eine Fantasie seines Sohnes, sagt die Frau.	☐	☐

B. Anhand (*On the basis*) der Diskussion im Dialog, zeigen Sie, wer folgende Zeilen sagt. Ist es der Erzähler, der Vater, der Sohn, oder der Erlkönig? (Dafür können Sie sich den Text so oft anhören, wie Sie wollen.) Kreuzen Sie an!

1. „Es ist der Vater mit seinem Kind."

   ☐ Erzähler ☐ Vater ☐ Sohn ☐ Erlkönig

2. „Was birgst du so bang dein Gesicht?"

   ☐ Erzähler ☐ Vater ☐ Sohn ☐ Erlkönig

3. „Du liebes Kind, komm geh' mit mir!"

   ☐ Erzähler ☐ Vater ☐ Sohn ☐ Erlkönig

4. „Es ist ein Nebelstreif."

   ☐ Erzähler ☐ Vater ☐ Sohn ☐ Erlkönig

5. „Hörest du nicht, was Erlenkönig mir leise verspricht?"

   ☐ Erzähler ☐ Vater ☐ Sohn ☐ Erlkönig

Hörverständnis 2: *Ach, diese Ausländer*

Darren, ein junger Amerikaner, verbringt ein paar Wochen in Deutschland. Er ist froh, dass er endlich sein Deutsch ausprobieren *(try out)* kann, denn er lernt Deutsch schon seit zwei Semestern und er kann schon relativ viel. Aber leider, leider hat er noch nicht den **Wortschatz** von Kapitel 17 im *Handbuch* gelernt. Und so weiß er nicht, ob er **noch ein** oder **ein anderes** sagen soll.

Jetzt hören Sie vier kurze Dialoge. Hören Sie gut zu und entscheiden Sie, ob er alles richtig oder falsch gesagt oder verstanden hat. Wenn falsch, schreiben Sie die korrekte Version.

Situation 1: *In der Konditorei* (pastry shop/café)

_____ richtig   _____ falsch

Wenn es falsch war, was wäre richtig? _____

_____

Situation 2: *Im Hotel am Meer* (ocean)

_____ richtig   _____ falsch

Wenn es falsch war, was wäre richtig? _____

_____

Situation 3: *Vor dem Kino*

_____ richtig   _____ falsch

Wenn es falsch war, was wäre richtig? _____

_____

Situation 4: *Am Telefon*

_____ richtig   _____ falsch

Wenn es falsch war, was wäre richtig? _____

_____

18

Hörverständnis 1: *Urlaubsfotos*

Viele Leute fotografieren gern im Urlaub, was natürlich eine gute Idee ist, solange die Nachbarn und Freunde sich die Bilder nicht anschauen *müssen*. Leider sind nicht alle Urlauber so höflich. Wolfgang und Gertrud Bieske, zum Beispiel, die gerade von ihrer ersten Amerikareise zurückgekommen sind, haben ihre Nachbarn für den Abend eingeladen. Nach einem kleinen Essen schließt Wolfgang die Digitalkamera an den Fernseher an, und die Nachbarn wissen nur zu gut, was kommt.

A. Lesen Sie die Liste von verschiedenen Dingen, die Herr und Frau Bieske *vielleicht* gesehen haben. Dann hören Sie dem Gespräch zu. Markieren Sie die Dinge, die sie *wirklich* gesehen haben.

☐ Flughafen ☐ Hotel ☐ Bus

☐ Flugzeug ☐ Fernseher ☐ „Indianer"

☐ Taxifahrer ☐ Autovermietung ☐ Garage

☐ Geschäftsmann ☐ Kaufhaus in New York ☐ Supermarkt

☐ Polizist ☐ ein zweites Auto ☐ McDonald's

B. Hören Sie sich das Gespräch noch einmal an und achten Sie auf die Vokabeln, die Sie unten finden. Schreiben Sie für jedes Wort den Relativsatz, den Sie im Gespräch hören.

BEISPIEL Sie lesen: „die Frau"

Sie hören: „Da seht ihr die Frau, die uns im Flugzeug bedient hat ..."

Sie schreiben: *die Frau, die uns im Flugzeug bedient hat.*

1. das Flugzeug: _____

2. das Mittagessen: _____

3. die Fabriken: _____

4. der Polizist: _____

5. Leute: _____

6. das Erste: _____

7. das Beste: _____

8. die Frau: _____

9. alles: _____

10. Hotel: _____

Hörverständnis 2: *Relativ einfach*

Jetzt hören Sie acht ganz kurze Dialoge, die Relativsätze verwenden. Hören Sie sich jeden Dialog an und dann schreiben Sie die fehlenden *(missing)* Wörter in die Lücken. Dabei sollen Sie darauf achten, welche Relativpronomen verwendet werden und warum. Sie hören jeden Dialog zweimal.

1. A: Du, wie geht's mit dem Geschäft?

   B: Nicht gut: _____, _____ wir investiert haben, haben wir verloren.

2. A: Sie wollten mit mir sprechen?

   B: Ja, es gibt _____, _____ ich mit Ihnen reden muss.

3. A: Kennst du ihren Bruder?

   B: Meinst du _____, _____ sie immer erzählt?

4. A: Nee, also ... diesen Professor kann ich einfach nicht verstehen.

   B: Ich auch nicht. Ist doch schade, nicht? Denn _____, _____ wir letztes Semester hatten, war doch spitze.

5. _____ Passagier, _____ Koffer vor dem Lufthansa-Schalter gelassen wurde, wird zum Lufthansa-Büro gebeten, bitte.

6. A: Du, wie war der Abend mit Andreas?

   B: Ach, nicht schlecht. Aber weißt du, ich möchte _____ finden, _____ gern über Politik und solche Sachen diskutiert. Vom Fußball habe ich mehr als genug gehört.

7. A: Es war furchtbar laut in dem Restaurant heute Abend, oder?

   B: Also, wenn ich's sagen darf: _____, _____ Kinder sich so benehmen, sollten die Kleinen einfach zu Hause lassen.

8. A: Kommst du gut mit in deiner Mathe-Vorlesung?

   B: Es gibt _____, _____ ich verstehe, und _____, _____ ich halt nicht verstehe.

Hörverständnis: *Der Bankraub*

Als Herr und Frau Meier auf die Bank gegangen sind, haben sie bestimmt nicht mit einem Bankraub gerechnet! Aber genau das ist passiert: zwei wilde Menschen sind hereingelaufen und haben mit Pistolen das Geld von den Bankangestellten gefordert *(demanded)*. Ein paar Minuten, nachdem die zwei Räuber wieder hinausgelaufen sind, ist ein Polizist erschienen. Natürlich will er wissen, was passiert ist. Nun, Herr und Frau Meier haben alles gesehen – oder nicht? Denn das, was Herr Meier sagt, hat seine Frau ganz anders gesehen.

A.   Hören Sie einmal nur zu, damit Sie die Geschichte gut verstehen. Dann hören Sie sich die Geschichte ein zweites Mal an und merken Sie sich besonders, wie der Polizist seine Fragen formuliert. Unten finden Sie ein paar Stichworte für seine Fragen. Finden Sie diese Fragen im Gespräch und schreiben Sie genau auf, wie der Polizist jede Frage *beginnt*. Sie können die Aufnahme stoppen, während Sie schreiben.

BEISPIEL   Sie lesen: „die zwei / die Tür"

Sie hören: „Wie spät war es, als die zwei durch die Tür gekommen sind?"

Also schreiben Sie: *Wie spät war es?* oder einfach *Wie spät?*

1. alles gesehen: _____

2. Tür / gekommen: _____

3. kommen / jede Woche: _____

4. Menschen / beteiligt: _____

5. genau gesehen: _____

6. ausgesehen: _____

7. bewaffnet: _____

8. Hut: _____

9. Kleidung / getragen: _____

10. Auto / geflohen: _____

11. gedauert: _____

12. sonst noch was: _____

B. Hören Sie dem Gespräch wieder zu. Finden Sie dann zwei Beispiele, wo Frau und Herr Meier nicht dasselbe gesehen haben, und beschreiben Sie in Ihren eigenen Worten, was die Unterschiede *(differences)* sind.

1. _____

   _____

   _____

   _____

2. _____

   _____

   _____

   _____

Hörverständnis 1: *Die Tagesschau*

Sie hören vier Berichte *(reports)* im Stil der *Tagesschau*, wie sie fast jeden Abend um 20.00 Uhr zu hören sind. Diese Berichte sind nicht lang, aber sie benutzen Wörter, die Sie vielleicht noch nicht kennen. Lesen Sie zuerst die Vokabel-Tipps, bevor Sie sich den Bericht anhören, damit Sie die Stichworte *(key words)* erkennen und verstehen können. Dann hören Sie sich den Bericht an, und achten Sie dabei besonders auf die Konstruktionen mit **da-**. Worauf beziehen sich *(refer to)* diese **da-**Wörter im Bericht? Stoppen Sie die Aufnahme, und kreuzen Sie die korrekte Antwort an.

1. die Regierung *(government)*   der Kommentar *(commentary)*
   die Entscheidung *(decision)*   die Debatte

   darauf bezieht sich auf …

   ☐ die kommenden Tage   ☐ Diskussionen im Internet
   ☐ eine wichtige Entscheidung treffen   ☐ Kommentare im Fernsehen

2. Krach *(quarrel, spat)*
   Sprecher *(speaker)*
   SPD (= Sozialdemokratische Partei Deutschlands [*left-leaning political party*])
   Steuerskandal *(tax scandal)*
   CDU (= Christliche Demokratische Union [*right-leaning political party*])
   Tagesordnung *(agenda)*

   darauf bezieht sich auf …

   ☐ den Sprecher   ☐ den Steuerskandal
   ☐ die Frage des SPD-Sprechers   ☐ die Tagesordnung

3. Meldung *(report)*   Deutsche Bahn AG
   Gegner *(opponents)*   Unterstützung *(support)*

   dafür bezieht sich auf …

   ☐ das Projekt   ☐ die Deutsche Bahn AG trägt alle Kosten
   ☐ Gegner des Projekts   ☐ Unterstützung aus Berlin

4. Regen *(rain)*
   auf·hören *(to stop)*
   kämpfen um *(to fight for)*
   retten *(to save)*
   berichten von *(to report on)*
   voraus·sagen *(to predict)*

darum bezieht sich auf …	**davon** bezieht sich auf …
☐ der Regen in Süddeutschland	☐ der Regen in Süddeutschland
☐ viele Straßen unter Wasser	☐ viele Straßen unter Wasser
☐ Häuser zu retten	☐ Häuser zu retten
☐ das kommende Wochenende	☐ alle drei Informationen

Hörverständnis 2: *Der Stadtplan*

Manfred, der Mann von Gabi, ist diese Woche auf einer Geschäftsreise in Süddeutschland. Am Donnerstag ruft er Gabi an, um zu fragen, wie es ihr geht. Er erzählt von seiner Reise, besonders von der kleinen Stadt Reutlingen, wo er jetzt übernachtet, denn er findet diese Stadt besonders schön. Seine Erzählung ist aber nicht immer ganz richtig.

Zuerst sehen Sie sich den Stadtplan an, den Sie unten finden. Dann hören Sie sich das Gespräch zweimal an. Das erste Mal hören Sie nur zu. Das zweite Mal schreiben Sie die falschen Aussagen auf, die Manfred macht.

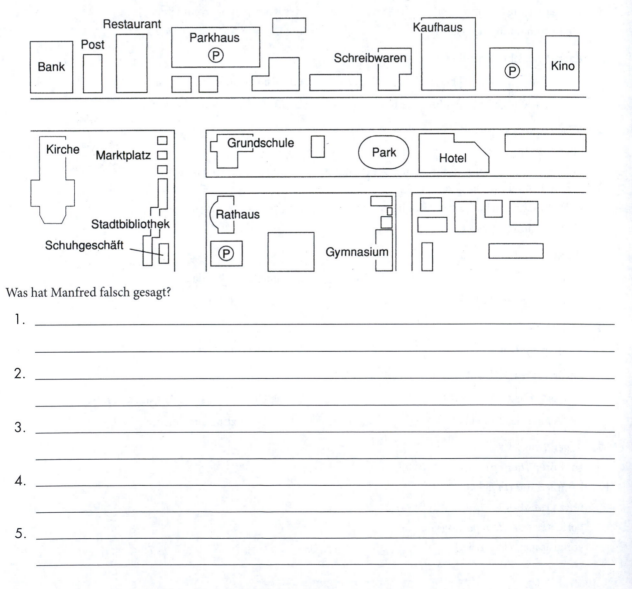

Was hat Manfred falsch gesagt?

1. _____

_____

2. _____

_____

3. _____

_____

4. _____

_____

5. _____

_____

Hörverständnis 1: *Ach, das Studentenleben!*

Jürgen, ein Student in Heidelberg, ruft seinen Vater an. Warum? So wie viele Studenten braucht er mehr Geld von zu Hause.

In diesem Telefongespräch hören Sie nur den Vater, aber Sie können auch raten *(guess)*, was Jürgen sagt. Hören Sie gut zu, dann markieren Sie, ob die Aussagen unten richtig oder falsch sind. Sie dürfen so oft zuhören, wie Sie wollen.

		richtig	falsch
1.	Jürgens Vater hat auch in Heidelberg studiert.	☐	☐
2.	Jürgen arbeitet jetzt und verdient etwas Geld, aber er braucht noch mehr.	☐	☐
3.	Jürgen hat drei Vorlesungen an der Uni.	☐	☐
4.	Als der Vater Student war, hat er zehn bis fünfzehn Stunden in der Woche gearbeitet.	☐	☐
5.	Als er Student war, sagt der Vater, hatte er fast nichts zu essen gehabt.	☐	☐
6.	Jürgen hat einen Fernseher gekauft.	☐	☐
7.	Der Sohn hat auch ein Auto gekauft und sein Vater ist dagegen.	☐	☐
8.	Der Vater sagt, dass Jürgen alle vierzehn Tage um mehr Geld bittet.	☐	☐
9.	Der Vater möchte eine neue Wohnung finden.	☐	☐
10.	Der Vater denkt, dass er besser Englisch kann als sein Sohn.	☐	☐
11.	Der Vater hat mal in Kalifornien studiert.	☐	☐
12.	Jürgen meint, dass sein Vater im Studium nicht viel gefeiert hat.	☐	☐
13.	Der Vater wünschte, dass sein Sohn eine Reise nach Paris machen könnte, aber der Sohn hat nicht genug Geld dafür.	☐	☐
14.	Der Vater hat genug Geld für Jürgen bei sich zu Hause, sagt er.	☐	☐
15.	Der Vater hat positive Erinnerungen an seine Studienjahre in Heidelberg.	☐	☐

Hörverständnis 2: *Wie wär's mit dem Konjunktiv?*

Sie hören jetzt fünf kurze Dialoge, bei denen der Konjunktiv irgendeine Rolle spielt. Hören Sie zuerst zu, um die Gespräche zu verstehen, dann lesen Sie die Aussagen für jedes Gespräch. Hören Sie jedem Gespräch noch einmal zu und markieren Sie die beste Antwort für jede Frage.

1. ☐ a. Christina geht zum Picknick.

   ☐ b. Sie geht vielleicht zum Picknick.

   ☐ c. Sie geht nicht zum Picknick.

2. ☐ a. Christine geht zum Picknick.

   ☐ b. Sie geht vielleicht zum Picknick.

   ☐ c. Sie geht nicht zum Picknick.

3. ☐ a. Die Frau war heute früh mit Prof. Schmitz zusammen.

   ☐ b. Sie sieht Prof. Schmitz heute etwas später.

   ☐ c. Sie hat von der Arbeit des Studenten heute morgen gewusst.

4. ☐ a. Er gibt ihr die Arbeit nicht, obwohl sie Prof. Schmitz nicht mehr sieht.

   ☐ b. Er hätte dem Professor seine Arbeit gestern geben sollen.

   ☐ c. Er hätte dem Professor seine Arbeit gestern geben können.

5. ☐ a. Der junge Mann hat nicht geweint.

   ☐ b. Er denkt, er hat zu viel geweint.

   ☐ c. Der junge Mann hat seiner Freundin gesagt, dass ihre Reaktion etwas extrem war.

22

Hörverständnis 1: *Direkt gesagt*

Bei indirekter Rede muss man aufpassen, dass die Information im Originalsatz treu *(faithfully)* wiedergegeben wird. In dieser Aufgabe lesen Sie den Originalsatz; dann aber müssen Sie entscheiden, welche Version von indirekter Rede diese Information am besten wiedergibt.

Lesen Sie zuerst die „direkte" Rede, während Sie den Satz hören. Dann hören Sie sich die drei indirekten Versionen an und markieren Sie die korrekte Indirekt-Form des Satzes. Sie hören alle Sätze zweimal.

	a	**b**	**c**
1. Angela wiederholte: „Ich will heute noch mit ihm sprechen."	☐	☐	☐
2. Alfred sagte: „Ich war mit ihr damals befreundet."	☐	☐	☐
3. Ralf fragte Inge: „Bist du denn mit der Mathe-Aufgabe fertig?"	☐	☐	☐
4. Der Lehrer meinte: „Sie erinnert mich an eine Figur aus der Antike."	☐	☐	☐
5. Weinend fragte mich das kleine Kind: „Haben Sie denn meine Mutti gesehen?"	☐	☐	☐
6. Der Mann sagte seinem Chef: „Der Zug hatte Verspätung. Nur deswegen kam ich heute spät ins Büro."	☐	☐	☐
7. Anna sagte uns am Montag: „Was für ein Wochenende! Ich fuhr mit Andreas in die Schweiz!"	☐	☐	☐

Hörverständnis 2: *Der Bürgermeister spricht*

Lesen Sie zuerst die Rede des Bürgermeisters (von Friedrich Dürrenmatts Theaterstück „Der Besuch der alten Dame") unten. Dann hören Sie sich die Berichte darüber von drei verschiedenen Reportern an. Welcher Reporter hat die Rede des Bürgermeisters am besten wiedergegeben?

Die Tischrede des Bürgermeisters

„Sehr geehrte Damen und Herren, es freut mich außerordentlich, heute Abend hier in Ihrer Mitte zu sein, um mit Ihnen zusammen der Presse und der Weltöffentlichkeit die großzügige Stiftung von Frau Zachanassian bekannt zu geben *(announce)*. Sie schenkt uns eine Milliarde: 500 Millionen an die Stadt und 500 Millionen auf alle Familien der Stadt verteilt. Eine einmalige Schenkung, ein großartiges Experiment. Wie Sie wissen, will Frau Zachanassian durch diese Schenkung nur eines: sie will Gerechtigkeit *(justice)*. Wieso? Wir müssen es zugeben: Jahrelang haben wir in der Ungerechtigkeit gelebt, zum Teil wissend, zum Teil unwissend. Meine Damen und Herren, für uns ist dies ein entscheidender Moment. Wollen wir so weiterleben? Oder wollen wir Schluss machen mit dem, was wir jahrelang unter uns geduldet *(condoned, tolerated)* haben? Sie wissen alle, wovon ich rede. Und ich weiß, ich spreche im Namen der Stadt, im Namen unserer humanistischen Tradition, wenn ich sage: Keine Minute mehr wollen wir ungerecht leben! Wir wollen im Sinne der Nächstenliebe leben, nicht im Sinne der Heuchelei *(hypocrisy)*. Und daher entscheiden wir uns für die Gerechtigkeit! Es gibt kein Zurück, und es darf keins geben!

Wer hat die Rede korrekt wiedergegeben?

Reporter A _____

Reporter B _____

Reporter C _____

23

Hörverständnis: *Befehl ist Befehl*

Es gibt viele Situationen im Leben, wo man Befehle gibt und dazu den Imperativ braucht. Jetzt hören Sie sechs kurze Szenen, in denen jemand mit dem Imperativ spricht. Sie werden zwar nicht alles verstehen, aber genug, um die Situation und den Kontext zu erraten.

A. Hier müssen Sie nur feststellen, in welchen Situationen man diese Befehle gibt. Lesen Sie zuerst die Liste von Situationen unten. Dann hören Sie sich die Szenen an und schreiben Sie dabei **A, B, C, D, E** oder **F** in die richtige Lücke. **Aufpassen**: Es gibt mehr Lücken als Antworten! Sie können die Aufnahme *(recording)* stoppen, während Sie antworten.

1. _____ in einer Firma *(company)*

2. _____ kochen *(cooking)* lernen

3. _____ in einer Studentenwohngemeinschaft *(shared student housing)*

4. _____ beim Militär

5. _____ am Telefon mit einem Freund

6. _____ Auto fahren lernen

7. _____ Schnürsenkel binden lernen *(learning to tie shoelaces)*

8. _____ Klavier spielen lernen (**Klavier** = *piano*)

9. _____ Chorleitung *(directing a choir)*

10. _____ eine Entführung *(kidnapping)*

11. _____ in der Kirche

12. _____ zu Hause mit einem Teenager

B. Lesen Sie zuerst die Beschreibungen unten und hören Sie sich die Monologe noch einmal an. Diesmal müssen Sie etwas präziser *(more precisely)* zuhören. Entscheiden Sie *(decide)*, wer mit wem spricht, und schreiben Sie die richtigen Buchstaben (**A** bis **F**) in die Lücken. **Noch einmal:** Es gibt mehr Lücken als Antworten!

1. _____ Chordirigentin *(choir director)* in einer Kirche

2. _____ Chordirigentin in einer Grundschule (1.–4. Klasse)

3. _____ Pastor zu seiner Gemeinde *(congregation)*

4. _____ Vater zu seiner kleinen Tochter (vielleicht 4 Jahre alt)

5. _____ Vater zu seinen beiden Teenagern

6. _____ Vater zu seinem achtzehnjährigen Sohn

7. _____ Kochkurslehrerin zu einer Klasse von Erwachsenen (*adults*)

8. _____ Mutter zu ihrer Tochter in der Küche beim Kochen

9. _____ Mutter zu ihrer Tochter vor einer Party

10. _____ Studentin zu ihren Freunden in ihrer Wohnung

11. _____ Studentin zu zwei Arbeitern in ihrer Wohnung

12. _____ Fahrlehrer zu einem Lernenden im Auto

13. _____ Vater zu seinem Sohn, der gerade das Autofahren lernt

14. _____ Fahrlehrer zu einer Gruppe von Lernenden im Auto

Hörverständnis 1: *Rilkes* Herbsttag

Zwei Gymnasiasten (*students at a university-prep secondary school*) sind in einem Leistungskurs (*advanced course*), in dem die Lehrerin ihnen gerade eine Aufgabe gegeben hat. Sie sollen Rilkes Gedicht vorlesen (*read out loud*) und dann darüber diskutieren – mit Diskussionsfragen, die ihre Lehrerin vorbereitet hat.

A. Hören Sie sich den Dialog an, am besten mit dem Gedichttext vor Ihnen. Die Fragen, die die Schüler beantworten sollen, sehen Sie unten. Wie antworten die Schüler darauf? Schreiben Sie die Antworten der Schüler in Ihren eigenen Worten auf!

1. Was bedeutet für Sie der Satz am Anfang des Gedichts: „Der Sommer war sehr groß"?

   _____

   _____

   _____

2. Sehen Sie sich die Verben im Gedicht genau an. Welche Verbformen werden in jeder Strophe benutzt? Warum ändern sich die Formen im Laufe des Gedichts?

   _____

   _____

   _____

3. Wie viele Parallelen und Kontraste können Sie zwischen dem ersten Teil des Gedichts (in Strophen 1-2) und dem zweiten (Strophe 3) erkennen?

   _____

   _____

   _____

4. An wen oder über wen spricht der Dichter am Anfang des Gedichts? In der zweiten Strophe? Und in der dritten Strophe? Ändert sich der Adressat (*addressee*) im Laufe des Gedichts? Wenn ja, was für eine Wirkung hat das?

   _____

   _____

   _____

B. Am Ende des Dialogs besprechen die zwei ihre Zukunft und benutzen dabei dreimal das *Futur*. Hören Sie sich das Ende des Gesprächs noch einmal an, und schreiben Sie diese drei kurzen Sätze im *Futur* auf.

1. _____

   _____

2. _____

   _____

3. _____

Hörverständnis 2: *Das Klassentreffen*

Herr Becker und Frau Stich waren vor fünfundzwanzig Jahren zusammen auf dem Gymnasium. Heute gibt es ein großes Klassentreffen *(reunion)* für alle ehemaligen *(former)* Gymnasiasten und die zwei sind dabei. Jetzt sitzen sie in einer Ecke, trinken eine Tasse Kaffee und sprechen über die Leute, die sie damals gekannt haben. Viele sind heute nicht dabei. Was ist aus diesen alten Freunden geworden?

Hören Sie dem Gespräch zu. Dann lesen Sie die folgenden Sätze und entscheiden Sie, welche Information die Sprecher geben.

			Ist schon geschehen	Wird noch geschehen (1. Futur)	Wird wohl geschehen sein (2. Futur)
1.	Michael:	a. auf die Uni gehen	☐	☐	☐
		b. Professor werden	☐	☐	☐
2.	Bernhard:	a. Probleme haben	☐	☐	☐
		b. keine Arbeit finden	☐	☐	☐
		c. etwas allein machen	☐	☐	☐
3.	Georg:	a. viel Geld verdienen	☐	☐	☐
		b. ein Haus kaufen	☐	☐	☐
4.	Gertrud:	a. eine Galerie aufmachen	☐	☐	☐
		b. alle vom Gymnasium vergessen	☐	☐	☐
5.	Marianne:	a. Franz heiraten	☐	☐	☐
		b. Medizin studieren	☐	☐	☐
6.	Renate:	a. Kindergärtnerin werden	☐	☐	☐
		b. was anderes machen wollen	☐	☐	☐